LES
GANDINS

PAR

LE VICOMTE PONSON DU TERRAIL

auteur de

La Jeunesse du Roi Henri, le Diamant du Commandeur, les Drames de Paris, les Exploits de Rocambole, le Club des Valets de Cœur, La Revanche de Baccarat, la Dame au Gant noir, les Compagnons de l'Épée ou les Spadassins de l'Opéra, la Belle Provençale, la Cape et l'Épée, la Contessina, les Cavaliers de la Nuit, Bavolet, Diane de Lancy, la Tour des Gerfauts.

II

PARIS

L. DE POTTER, LIBRAIRE-ÉDITEUR

RUE FONTAINE MOLIÈRE, 27

LES GANDINS

NOUVEAUTÉS EN LECTURE
DANS TOUS LES CABINETS LITTÉRAIRES.

Les Mystères de la Conscience, par Étienne Énault. 4 vol. in-8.
Les Gandins, par le vicomte Ponson du Terrail. 6 v. in-8.
L'Homme des Bois, par Élie Berthet. 6 vol. in-8.
Les trois Fiancées, par Emmanuel Gonzalès. 3 vol. in-8.
Les Marionnettes du Diable, par X. de Montépin, 6 vol.
Le Diamant du Commandeur, par Ponson du Terrail. 4 vol.
Le Douanier de mer, par Élie Berthet, 5 vol. in-8.
Mlle Colombe Rigolboche, par Maximilien Perrin. 4 vol. in-8.
Morte et Vivante, par Henry de Kock. 3 vol. in-8.
Daniel le laboureur, par Clémence Robert. 4 vol. in-8.
Les grands danseurs du roi, par Ch. Rabou. 3 vol. in-8.
Le Pays des Amours, par Maximilien Perrin. 3 vol. in-8.
La jeunesse du roi Henri, par Ponson du Terrail. 6 vol in-8.
L'Amour au bivouac, par A. de Gondrecourt. 5 vol. in-8.
Les Princes de Maquenoise, par H. de Saint-Georges, 6 v. in-8.
Le Cordonnier de la rue de la Lune, par Théod. Anne. 4 v. in-8.
La Belle aux yeux d'or, par la comtesse Dash, 3 vol. in-8.
La Revanche de Baccarat, par Ponson du Terrail, 6 vol. in-8.
Le Roi des gueux, par Paul Féval, 6 vol. in-8.
Une Femme à trois visages, par Ch. Paul de Kock, 6 vol. in-8.
Une Existence Parisienne, par Mme de Bawr, 3 vol. in-8.
Les Yeux de ma tante, par Eugène Scribe. 6 vol. in-8.
Les Exploits de Rocambole, par Ponson du Terrail. 8 vol. in-8.
Le Bonhomme Nock, par A. de Gondrecourt. 6 vol. in-8.
Le Vagabond, par E. Enault et L. Judicis. 4 vol. in-8.
Les Ruines de Paris, par Charles Monselet. 4 vol. in-8.
Les Viveurs de Province, par Xavier de Montépin. 6 vol. in-8
Les Coureurs d'Amourettes, par Maximilien Perrin. 3 vol. in-8.
La dame au gant noir, par Ponson du Terrail. 8 vol. in-8.
Les Émigrants, par Élie Berthet. 5 vol. in-8.
Les Cheveux de la reine, par madame la comtesse Dash 3 vol. in-8.
La Rose Blanche, par Auguste Maquet, 3 vol. in-8.
La Maison Rose, par Xavier de Montépin, 6 vol. in-8.
Le club des Valets de Cœur, par Ponson du Terrail, 8 vol. in-8.
Monsieur Cherami, par Ch. Paul de Kock, 5 vol. in-8.
L'Envers et l'Endroit, par Auguste Maquet. 4 vol. in-8.
Le Prix du sang, par A. de Gondrecourt. 5 vol. in-8.
Nena-Sahib, par Clémence Robert. 3 vol. in-8.
La Reine de Paris, par Théodore Anne. 3 vol. in-8.
Un ami de ma femme, par Maximilien Perrin. 3 vol. in-8.
La Maison mystérieuse, par mad. la comtesse Dash. 4 vol. in-8.
Le Bossu, aventures de cape et d'épée, par Paul Féval. 5 vol. in-8.
La Bête du Gévaudan, par Élie Berthet. 5 vol. in-8.
Les Spadassins de l'Opéra, par Ponson du Terrail. 8 vol. in-8.
Le Filleul d'Amadis, par Eugène Scribe. 3 vol. in-8.
Les Folies d'un grand Seigneur, par Ch. Monselet 4 v. in-8.
La Vieille Fille, par A. de Gondrecourt. 4 vol. in-8.
Le Masque d'Acier, par Théodore Anne. 4 vol. in-8.
Le Juif de Gand, par Constant Guéroult, auteur de *Roquevert l'Arquebusier.* 4 vol. in-8.
La Princesse Russe, par Emmanuel Gonzalès. 2 vol. in-8.
La Fille Sanglante, par Charles Rabou. 4 vol. in-8.
Pour la suite des Nouveautés, demander le Catalogue général qui se distribue gratis.

Paris. — Imprimerie de P.-C. Bourdier et Cie, rue Mazarine, 30.

LES
GANDINS

PAR

LE VICOMTE PONSON DU TERRAIL

auteur de

La Jeunesse du Roi Henri, le Diamant du Commandeur, les Drames de Paris, les Exploits de Rocambole, le Club des Valets de Cœur, la Revanche de Baccarat, la Dame au Gant noir, les Compagnons de l'Épée ou les Spadassins de l'Opéra, la Belle Provençale, la Cape et l'Épée, la Contessina, les Cavaliers de la Nuit, Bavolet, Diane de Lancy, la Tour des Gerfauts.

II

PARIS

L. DE POTTER, LIBRAIRE-ÉDITEUR

RUE FONTAINE MOLIÈRE, 27.

Droits de traduction et de reproduction réservés.

1861

LES
MARIONNETTES DU DIABLE
PAR
XAVIER DE MONTÉPIN.

Annoncer un nouveau roman de l'auteur des *Viveurs de Paris*, des *Viveurs de Province*, et de la *Maison Rose*, c'est annoncer un nouveau succès. — L'immense popularité du jeune et brillant écrivain grandit chaque jour et son nom prend place désormais à côté de ceux de Balzac, de Soulié, de Sand et de Dumas.

Les *Marionnettes du Diable*, nous le croyons fermement, dépasseront la vogue méritée de tous les autres livres du même auteur. — Jamais en effet l'imagination puissante et dramatique qui a créé tant de types étranges et de situations émouvantes, n'a plus solidement tissu la trame vigoureuse d'un roman saisissant, passionné, bizarre, où des aventures d'une incroyable originalité se succèdent et s'enchaînent de façon à tenir le lecteur haletant de curiosité et d'émotion depuis la première page jusqu'à la dernière. — L'intérêt, poussé jusqu'à ses plus extrêmes limites, ne languit pas un instant, et, par un heureux mélange, le rire se mêle aux larmes et la gaîté à la terreur.

Malgré son titre, le roman les *Marionnettes du Diable*, n'est pas fantastique. — Le prologue seul se passe dans le royaume de Satan. — Les marionnettes sont des hommes, et les ficelles à l'aide desquelles le Diable les fait mouvoir à sa guise, on le devine, ce sont les passions. — Avec une telle donnée le romancier devait faire un chef-d'œuvre. — Les lecteurs jugeront bien qu'il n'a point faibli à cette tâche.

LES ÉMIGRANTS
PAR
ELIE BERTHET.

Parmi les romanciers les plus estimés de notre époque, M. Elie Berthet a su conquérir une place à part. Ses ouvrages, pleins de naturel, de vérité, de bon sens, paraissent être plutôt des histoires que des romans. Il ne donne pas dans le travers de certains autres écrivains en vogue, qui, à force de complications, d'événements bizarres et impossibles, arrivent à produire des œuvres aussi obscures, aussi peu intelligibles que déraisonnables. Sa manière est celle du grand romancier anglais Walter Scott, auquel on l'a comparé plusieurs fois; et, comme Walter Scott, tous ses ouvrages sont frappés au coin d'une moralité rigoureuse. Sans écarter les passions violentes, les fautes, les crimes qui existent dans la société humaine; et qui sont un des éléments de l'intérêt dramatique, il ne manque jamais de les blâmer et de les flétrir. Aussi l'appelle-t-on le *romancier des familles*, et, en effet, tout le monde peut lire ses ouvrages, sans crainte de se souiller l'imagination, d'altérer son sens moral ou de s'endurcir le cœur.

Ces qualités de M. Elie Berthet sont surtout apparentes dans le beau roman *les Émigrants*, que nous publions aujourd'hui. L'histoire est si simple, si vraie, si touchante, qu'elle semble réelle, et l'on croirait que le romancier a reçu les confidences de quelques-unes de ces pauvres familles qui abandonnent leur sol natal pour aller chercher au loin une vie plus douce et plus prospère. Les causes ordinaires de l'émigration, les fatigues et les dangers auxquels s'exposent les émigrants, leurs illusions naïves, leurs mécomptes, et souvent les catastrophes auxquelles ils succombent, sont exposés avec une grande puissance et avec le plus vif intérêt. Aussi ne doutons-nous pas que le nouvel ouvrage de l'auteur des *Catacombes de Paris*, des *Chauffeurs*, du *Garde-Chasse* et de tant d'autres romans qui ont mérité la faveur du public, n'obtienne en librairie un immense succès.

CHAPITRE PREMIER.

1

» M. de Morangis, que nous ne con-
naissons que par le récit du docteur
rouge, était un homme de vingt-huit
à trente ans, fort beau. très distingué,

parfaitement heureux, et pour lequel la vie semblait être un enchantement perpétuel.

» Il adorait sa femme, il possédait une fortune immense; il était l'héritier du marquis de Morangis, son oncle, lequel était pair de France. Un département de l'Ouest dans lequel il possédait une fort belle terre l'avait envoyé à la chambre des députés.

» M. de Morangis se fit annoncer chez

sa femme et entra dans sa chambre à coucher.

» Contre son habitude le comte était un peu pâle, un peu préoccupé, lui dont le visage s'épanouissait à la vue d'Hélène.

» Il vint à elle et lui mit un baiser au front.

» — Ma chère amie, lui dit-il, voulez-vous m'accorder quelques minutes de tête-à-tête.

» — Mon Dieu ! Raoul, dit la comtesse

étonnée, comme vous avez l'air mystérieux !

» Et d'un geste, elle congédia sa femme de chambre.

» M. de Morangis s'assit au coin de la cheminée, prit la main de sa femme dans les siennes et lui dit :

» — Je viens, ma chère Hélène, de l'ambassade d'Espagne.

» — Je le sais, mon ami.

» — Et savez-vous pourquoi je rentre aussitôt et pourquoi vous me voyez un peu triste, un peu *mystérieux*, comme vous dites?

» —Mon Dieu! fit la comtesse, qui jouait admirablement son rôle de femme aimante et dévouée, vous serait-il arrivé quelque chose, mon ami?

» — Oui : j'ai été pris d'un remords, dit le comte en souriant.

» — Un remords!...

» — Oui, chère âme.

» — Quel crime avez-vous donc commis, mon cher Raoul? demanda la comtesse en souriant.

» — J'ai été coupable envers vous d'une négligence impardonnable.

» — Mais expliquez-vous donc, mon ami.

» — Écoutez, Hélène. Je vous disais donc que je revenais de l'ambassade d'Espagne.

» — Oui.

» — On s'y est entretenu, une partie

de la soirée, de la mort de don José de Herrera.

» — Comment! dit la comtesse étonnée, don José, ce riche banquier espagnol que nous avons reçu l'hiver dernier avec sa jeune femme, don José est mort?

» — Il a été tué en duel, il y a cinq jours, à Ségovie, par un officier carliste.

» — Ah! mon Dieu!

» — Pourtant, continua M. de Morangis, don José était jeune, beau, riche, noble, aimé. Il croyait à la vie, il avait l'espoir de l'avenir...

» — Quel affreux malheur ! dit la comtesse, qui, au fond du cœur, ne se souciait nullement de don José. Et... sa femme ?

» — Ah ! voilà qui est plus épouvantable encore, poursuivit M. de Morangis. Dona Luisa, vous le savez, je crois, était sans fortune. Son mari l'avait épousée par amour... et... il est mort sans avoir fait un testament, si bien que la pauvre femme se trouve spoliée.

» Les dernières paroles du comte touchèrent plus vivement encore madame de Morangis, que la nouvelle de la mort de don José de Herrera.

» Cependant elle garda le silence.

» — Comprenez-vous maintenant, ma chère, reprit M. de Morangis, de quelle nature est le remords que je viens d'éprouver.

» La comtesse eut un beau sourire.

» — Ah! dit-elle, allez-vous pas, mon ami, faire votre testament ce soir?

» — J'y songe, répondit le comte. Si je venais à mourir, comme don José...

» — Fou! dit-elle.

» Et elle se leva et lui passa ses bras autour du cou.

» — Ma chère amie, reprit le comte, je n'ai d'autres parents que des cousins

éloignés qui ne portent point mon nom.
Ma fortune tout entière est pour vous.

» — Raoul! Raoul! dit la comtesse, fidèle à son rôle de femme aimante, ne sais-tu donc pas que si tu venais à mourir, je mourrais aussi?...

» — Folle! dit à son tour le comte.

» Il la pressa sur son cœur, lui mit un fiévreux baiser sur les lèvres, et s'en alla en disant :

» —Bonsoir, madame, dormez bien...

» Et il sortit brusquement, comme s'il

eût voulu dissimuler une poignante émotion.

» La comtesse demeura pendant quelque temps immobile, pensive, debout et le coude appuyé sur la tablette de la cheminée.

» — Le comte, se dit-elle, vient de se trahir en m'embrassant. Il se bat demain matin, j'en sûre. Avec qui, pourquoi ? je ne sais, mais il se bat.

» Et elle s'approcha de la croisée et écarta doucement les rideaux.

» L'appartement qu'occupait M. de Morangis était situé à l'autre extrémité de l'hôtel, dans un corps de logis en retour.

» De sa fenêtre, la comtesse pouvait fort bien voir les fenêtres de son mari.

» Abritée derrière ses rideaux, Hélène regardait.

» Une des croisées de la chambre du comte était entr'ouverte. La comtesse put voir ce qui se passait chez lui.

» M. de Morangis était entré dans cette pièce tout seul ; il avait fermé la porte à double tour et s'était assis devant une table placée auprès du feu. Cette table supportait du papier et de l'encre.

» Le comte s'était mis à écrire sur une grande feuille de papier qu'il avait ensuite pliée en quatre et enfermée dans une enveloppe qu'il avait cachetée avec de la cire noire.

» Après quoi, il avait tracé quelques mots sur l'enveloppe.

» —Allons, s'était dit la comtesse qui, muette derrière ses rideaux, n'avait perdu aucun des mouvements de son mari, Raoul est un homme d'ordre! il vient de m'instituer sa légataire universelle. Les testaments concis sont les meilleurs.

» Le comte plaça le pli qui contenait ses dernières volontés sur la cheminée, devant la pendule, de façon qu'il fût bien en évidence.

» Ensuite, il alla ouvrir une armoire et il en retira une boîte oblongue qu'il ouvrit.

» Cette boîte renfermait une paire de pistolets.

» Le comte les visita en tous sens et en fit jouer les batteries.

» Il paraît, pensa la comtesse, que l'adversaire a le choix des armes et qu'il a opté pour le pistolet. C'est bien heureux pour lui, car Raoul est d'une force peu commune à l'épée..

» M. de Morangis, après avoir visité ses pistolets, se dirigea vers un portrait de sa femme qui se trouvait placé au chevet de son lit.

» Il le prit, l'examina longtemps avec émotion et colla plusieurs fois ses lèvres sur le verre qui le recouvrait.

» Puis il alla s'accouder à sa fenêtre et, à son tour, leva les yeux sur les croisées de madame de Morangis.

» Celle-ci avait prudemment baissé sa lampe, et les rideaux derrière lesquels elle se tenait étaient trop épais pour que le comte pût distinguer sa silhouette.

» Raoul de Morangis demeura quelques minutes tête nue, le front exposé à l'air froid de la nuit, l'œil fixé sur sa chère Hélène; puis il s'arracha brusquement à cette contemplation et ferma sa fenêtre.

»Quelques minutes après, la comtesse constata que M. de Morangis avait dû se mettre au lit et souffler sa bougie.

» On n'apercevait plus, au travers des rideaux, que les lueurs tremblotantes du feu qui flamboyait encore dans la cheminée.

» Alors madame de Morangis se déshabilla, se coucha et ne tarda point à s'endormir d'un sommeil paisible et régulier durant lequel elle rêva que la situation d'une veuve qui a trois cent mille livres de rentes n'est nullement à dédaigner. »

. . . .

Arrivé en cet endroit de sa lecture, Paul de Morangis fit la réflexion suivante :

— Si ce récit-là est vrai, je comprends maintenant pourquoi je n'ai pas de cœur : je suis bien le fils de ma mère.

— Voyons la suite...

« La comtesse Hélène de Morangis dormit pendant plusieurs heures d'un profond sommeil.

» Elle rêva que les vêtements noirs d'une veuve lui allaient à ravir et faisaient singulièrement valoir la blancheur mate de son teint.

» Un rayon de soleil l'éveilla.

» Elle se tourna et se retourna longtemps dans son lit, étirant paresseusement ses bras roses, puis elle se décida à sonner.

» Sa femme de chambre arriva.

» — Mariette, lui dit-elle avec nonchalance, quelle heure est-il?

» — Huit heures, madame la comtesse.

» — Fait-il beau?

» — Un temps superbe.

» — Ah!

» La jeune soubrette était visiblement émue.

» — Qu'avez-vous donc, Mariette? demanda la comtesse avec un calme parfait.

» — Rien.. madame.

» — Comment! rien?...

» Madame de Morangis attacha sur sa camérière un regard interrogateur.

» Celle-ci acheva de se troubler :

»—Madame savait-elle que monsieur le comte devait sortir ce matin? demanda-t-elle.

» — Hein? fit la comtesse qui se dressa sur son lit et passa un peignoir.

» — Oui, poursuivit la femme de chambre, monsieur le comte est sorti ce matin.

» — Ah! dit la comtesse, il est monté à cheval, sans doute.

» — Non, madame.

» — Alors... pourquoi est-il sorti?

» — Il est parti avant le jour.

» — Seul?

» — Non, madame.

» — Avec qui donc?

» — Avec le marquis de C... et M de R... ses amis.

» La comtesse alla vers la croisée et entrouvrit les rideaux.

» — Tu es folle! dit-elle; où veux-tu donc que monsieur le comte soit allé?

» — Ah! balbutia la soubrette, madame m'excusera... mais... le palefrenier disait tout à l'heure...

» — Que disait-il? demanda madame de Morangis en posant la main sur l'espagnolette et ouvrant la croisée.

» — Il disait qu'il avait vu monsieur le comte placer des pistolets dans le coffre de la voiture... et qu'il allait se battre en duel...

» La comtesse jeta un cri, — un cri terrible, un cri d'épouvante.

» Pendant trois minutes, elle demeura immobile, sans voix, sans haleine, l'œil fixé sur la croisée de la chambre de son mari...

» Et son front s'était couvert d'une pâleur cadavéreuse, et des gouttes de sueur glacée perlaient à ses tempes... Cependant Mariette ne lui apprenait rien qu'elle ne sût déjà.

» N'avait-elle point vu, la veille, son

mari écrire son testament et préparer ses pistolets?

» Pourquoi ce cri, pourquoi cette épouvante subite?

» A première vue on aurait pu croire que la terreur de madame la comtesse de Morangis n'était qu'un jeu, une comédie habilement exécutée.

» Pourtant il n'en était rien; le cri qu'elle avait jeté était sorti du plus profond de ses entrailles; sa pâleur était bien le résultat d'une épouvante indicible.

» C'est que la fenêtre de la chambre du comte était ouverte et que madame de Morangis ne voyait plus sur la cheminée ce testament que la veille, son mari avait placé contre la pendule.

» Plusieurs papiers étaient épars sur le sol ; un filet de fumée s'échappait du foyer où brûlait un dernier tison.

» Un horrible pressentiment venait de s'emparer de l'esprit de la comtesse.

» Sans doute, obéissant à l'habitude, M. de Morangis avait, en se levant, ouvert sa fenêtre; puis il avait, en sortant, oublié de la refermer.

» Une bouffée de vent était entrée, jetant à terre et balayant les papiers de la table sur le sol et jusque dans la cheminée.

» Un moment foudroyée, la comtesse jeta un nouveau cri et retrouva l'énergie sauvage d'une lionne qui s'élancerait pour ressaisir ses lionceaux enlevés par des chasseurs. Elle se précipita demi-nue, les cheveux épars, hors de sa chambre, traversa rapide et anxieuse les trois ou quatre salles qui la séparaient de celle de son mari; et comme la porte en était fermée, elle la poussa avec tant de violence qu'elle l'ouvrit. Les papiers, roulés par le vent, s'étaient éparpillés sur le tapis, sur les meubles. Plusieurs achevaient de se consumer lentement sur la plaque du foyer.

» La comtesse s'élança vers la cheminée et plongea sa main blanche et délicate dans la braise ardente, où elle saisit un papier assez volumineux que la flamme enveloppait.

» Elle jeta un nouveau cri, — un cri que lui arrachait la douleur physique, car elle s'était cruellement brûlée; mais elle essaya néanmoins d'étouffer la flamme entre ses doigts au travers desquels coulait la cire en ébullition des cinq cachets apposés par le comte sur l'enveloppe de son testament.

» Plusieurs fois la douleur lui fit lâcher prise, et le papier, aux trois quarts consumé, retomba sur le parquet.

» Mais chaque fois elle se reprit et parvint à l'éteindre.

» Alors elle déplia ce qui restait de cette feuille de papier, qui pour elle valait cent mille écus de rente; la flamme avait noirci les bords et l'avait dentelée tout à l'entour de hideuses arabesques.

» Quelques mots seuls avaient été respectés, ceux de *volonté dernière* et de *testament* entre autres. Mais la feuille avait brûlé par le bas et le feu avait détruit les dernières lignes ; c'est-à-dire la date, la signature du testateur et le nom du légataire..

» — Ah! je suis perdue! murmura-t-elle en se laissant tomber à genoux; perdue! perdue!

» Mais soudain madame la comtesse de Morangis se redressa comme si un ressort invisible l'eût poussée...

» Une voiture venait d'entrer dans la cour.

» — Vivant ! vivant peut-être ! exclama-t-elle.

» Et cette femme à qui, quelques minutes auparavant, la mort de son mari était fort indifférente, qui même avait paru se complaire dans la pensée que bientôt elle serait veuve, cette femme se précipita dans l'escalier le cœur palpitant, ivre du fiévreux espoir que le comte lui revenait sain et sauf.

» Mais au bas de l'escalier, sur la dernière marche du perron, elle s'arrêta consternée, épouvantée...

» Deux hommes silencieux, le front penché, les yeux pleins de larmes, se tenaient aux portières de la voiture, dans le fond de laquelle madame de Morangis aperçut son mari, dont le visage était envahi déjà par les ombres de la mort.

» Le comte avait été frapé d'une balle en pleine poitrine.

» Cependant il vivait encore, — mais d'une vie pour ainsi dire factice et privée de sentiment. Il ne parlait plus et roulait autour de lui des yeux égarés.

» On le transporta dans sa chambre avec des précautions infinies, et le médecin qui avait assisté au duel posa sur la blessure un second appareil.

» La comtesse se tordait les mains de désespoir, car le médecin avait déclaré que M. de Morangis était perdu.

» Tout à coup elle songea au docteur rouge.

» — Ah ! pensa-t-elle, cet homme fait des cures merveilleuses. Peut-être le sauvera-t-il ?

» Elle sonna violemment, et donna l'ordre de courir rue Saint-Honoré.

» Un valet monta dans la voiture qui avait ramené le comte frappé à mort.

» Une demi-heure s'écoula.

» Ce court laps de temps eut pour la comtesse la durée d'un siècle.

» — Madame, lui avait dit le médecin, M. le comte est mortellement blessé. Il a à peine quelques heures à vivre...

» Et tandis que cette sentence de mort résonnait à ses oreilles, la comtesse attachait un œil stupide sur la plaque du foyer où gisaient les cendres de ce testament que son mari avait écrit pendant la nuit précédente.

» Le docteur rouge arriva.

» La comtesse poussa un cri et courut à sa rencontre.

» L'homme étrange était grave et ne souriait plus de son sourire diabolique, mais sa voix avait conservé un timbre railleur.

» — Vous voyez bien que j'avais raison, madame, dit-il, lorsque je vous disais, hier soir, que nous nous reverrions avant mon départ pour les Indes.

» — Ah! sauvez mon mari, sauvez-le! s'écria la comtesse.

» Le docteur rouge se pencha à son oreille!

» — Je veux être seul avec vous, au chevet du comte, dit-il.

» La comtesse regarda le médecin, qui se retira, et d'un geste, congédia les domestiques.

» Alors le docteur rouge visita la blessure du moribond et secoua la tête :

» — Perdu! dit-il.

» — Ah! sauvez-le! sauvez-le! s'écriait la comtesse à demi-folle.

» Le docteur reprit son sourire empreint de sarcasme :

» — Vous l'aimez donc? dit-il, — ou bien n'aurait-il point fait de testament ?

» La comtesse se sentit rougir et pâlir tour à tour sous le regard de cet homme.

» Le docteur s'assit fort tranquillement dans un fauteuil, tandis qu'elle demeurait debout.

»—Ah! murmura la comtesse à demi-folle, si encore j'avais un fils.

» — Ah! ah! ricana le docteur, je comprends, vous seriez tutrice!

» Elle baissa les yeux et se tut.

» Le docteur rouge laissa bruire entre ses lèvres un éclat de rire moqueur :

» — Votre mari n'est point mort encore, dit-il, mais il a déjà perdu la raison, et nous pouvons causer, madame, — causer comme si nous étions seuls.

Vous le savez, je suis un vieil ami pour vous...

» Elle le regarda avec défiance.

» — Que penseriez-vous d'un homme qui entrerait dans la vie doué de toutes les qualités, reprit le docteur, d'un homme qui serait beau, jeune, spirituel, titré, riche, et auquel il ne manquerait qu'une chose unique...

» — Laquelle? demanda la comtesse.

» — Un rien, une bagatelle, cet organe qui bat sous la mamelle gauche et qu'on nomme le cœur?

» — Je pense, dit froidement la comtesse, que cet homme serait heureux entre tous; les gens sans cœur sont heureux...

» — Quand ils ont un testament dans les mains, ajouta le docteur avec l'ironie d'un démon. Eh bien! madame, acheva-t-il en osant prendre dans ses mains la main de la comtesse qu'il porta à ses lèvres, cet homme heureux sera votre fils.

. . . .

» Le lendemain de ce jour, M. le comte de Morangis rendit l'âme vers huit heures du matin.

» Ses nombreux amis, ses serviteurs, tous ceux qui entouraient son lit de mort purent juger de la douleur de la comtesse.

» Jamais on n'avait vu semblable désespoir.

» Mais au milieu de sa douleur, un cri de joie lui échappa à plusieurs reprises :

» — Ah! dit-elle, au moins quelque chose de lui me restera. Je porte son fils dans mon sein...

» Et le soir des funérailles, madame la comtesse de Morangis reçut le billet suivant, timbré du Havre :

» Madame et chère amie,

» Tout Paris se répète que vous êtes
» la plus malheureuse des femmes. Vous
» allez disparaître de la scène parisienne
» pendant quelques mois; puis vous re-
» viendrez un peu plus calme, en dépit
» de vos vêtements de deuil; puis, un
» jour, plus tard encore, on vous verra
» dans le jardin des Tuileries, ou au bois,
» conduisant un bel enfant par la main.

» Et le monde dira que madame la

» comtesse de Morangis après avoir été
» le modèle des femmes, est devenue la
» meilleure des mères. C'est ainsi, vous
» le savez, madame, que le monde écrit
» l'histoire.

» Votre fils m'intéressera, n'en doutez
» point, — et vous devez savoir à quel
» titre ; — je m'informerai de lui sou-
» vent et régulièrement. Mais je vous
» confie son éducation première, et
» vous n'entendrez parler de moi que
» le premier janvier 185....

» Adieu, madame, au revoir plutôt.

» *Samuel, dit le docteur rouge.* »

CHAPITRE DEUXIÈME

II

Ainsi finissait le manuscrit que Paul de Morangis avait trouvé sur la cheminée de son fumoir.

Quand il eut tourné le dernier feuillet,

le jeune homme demeura rêveur un moment.

Puis il fit tourbillonner en spirale la dernière bouffée de son cigare, et dit :

— Je ne vois dans tout cela qu'une chose réellement fâcheuse, c'est que je suis le fils de ce *docteur rouge*, que je n'ai jamais vu, et qui, probablement, est un cuistre de la pire espèce...

Le comte avait fait cette réflexion tout haut.

— Bravo! dit une voix derrière.

Paul se retourna.

La porte du fumoir était entr'ouverte, et un inconnu se montrait sur le seuil.

Cet homme avait les cheveux grisonnants, les moustaches noires encore, le teint bistré et quelque chose d'étrange dans le regard. Un sourire moqueur glissait sur ses lèvres.

Paul se leva brusquement :

— Qui êtes-vous donc? dit-il.

— Celui que vous appelez un cuistre.

— Le docteur rouge?

— Précisément. Bonjour, mon fils.

Paul toisa le nouveau venu d'un regard dédaigneux.

— Pardon, monsieur, dit-il, est-ce vous qui avez écrit cela?

Il montrait le manuscrit.

— C'est moi, dit le docteur.

— C'est une ingénieuse histoire, en vérité!

— Ah! vous trouvez...

— Et qui est bien inventée...

— Elle est vraie.

Paul regarda froidement le docteur.

— Est-ce que vous pourriez m'en donner une preuve ?

— Mais, dit le docteur, ne sortiez-vous pas de chez votre mère quand j'y suis entré ?

— En effet.

— Et n'avez-vous point remarqué un certain trouble chez elle ?

— J'en conviens. La vue de votre carte l'a fait tressaillir; mais, cependant...

— Chut! fit le docteur. Causons un moment avant que je vous prouve d'une façon plus péremptoire encore ce que j'ai avancé dans mon manuscrit.

— Que me voulez-vous?

— Ah! bravo! répéta le docteur toujours railleur, vous êtes bien le fils que j'ai rêvé.

— Monsieur!

— Et vous recevez votre père avec une insensibilité parfaite qui me ravit.

Parlant ainsi, le docteur s'assit auprès

de Paul sur le divan, plongea sa main dans la boîte à cigares et en retira un londrès qu'il alluma.

— Mon cher enfant, dit-il, votre mère n'est plus ce qu'elle était. Le sentiment maternel a développé chez elle une sensibilité ridicule et une honnêteté stupide. Votre mère tourne à la vertu, et elle s'est mis en tête de vous conduire au bien, ni plus ni moins qu'un ange gardien. Malheureusement, elle oublie qu'elle vous a conçu à une époque où elle était tout à fait sans cœur... et que moi...

— Ah! pardon, monsieur, fit le jeune comte avec hauteur, si vous le voulez bien, nous ne parlerons pas de vous.

— Soit, dit le docteur.

— Du moins, avant que vous ne m'ayez fourni la preuve que je vous demande.

Le docteur ouvrit son paletot, y prit un portefeuille, et retira de ce portefeuille une lettre qu'il tendit à Paul.

— Connaissez-vous l'écriture de votre mère ?

— Oui.

— Eh bien ! lisez.

La lettre avait pour suscription :

Au docteur Samuel,

à Batavia.

Paul de Morangis ouvrit cette lettre et lut :

« Vous me demandez, monsieur, des
» nouvelles de *notre* fils. Que dois-je
» vous répondre ?

» Qu'il est bien l'enfant de deux êtres
» sans cœur.

» J'ai tâché de corriger la nature in-
» flexible et je n'ai pu y parvenir.

» Paul n'aime personne, moi moins
» que tout autre. Les dévouements, les
» affections l'entourent en vain.

» Doué d'un charme de fascination
» merveilleux, il séduit hommes et fem-
» mes. Il a des amis, des maîtresses.

» Amis et maîtresses l'aiment inutile-
» ment.

» C'est un homme sans cœur comme
» vous, comme... moi... jadis. »

La lettre était sans signature, mais Paul n'avait pu s'y tromper. C'était bien l'écriture de sa mère.

Il regarda son visiteur inconnu :

— Ainsi donc, lui dit-il, vous êtes mon père ?

— Vous le voyez...

— Eh bien ! que me voulez-vous ?

Un sourire silencieux glissa sur les lèvres du docteur.

— Que me voulez vous? répéta le jeune homme avec un calme dédaigneux.

— Causer avec vous d'abord.

— Ah!

— Et puis... vous donner des conseils. Et puis encore... mais causons d'abord.

— Soit! dit Paul de Morangis.

Le docteur se renversa sur son siége avec une nonchalance parfaite.

— Mon cher ami, dit-il, il y a depuis

trois ou quatre années à Paris une catégorie de jeunes gens dont vous êtes, grâce à moi, le prototype.

— Ah! fit le comte.

— Ces jeunes gens, poursuivit le docteur, se recrutent un peu parmi les différentes classes de la société, et le boulevard des Italiens est leur rendez-vous ordinaire.

Les uns, petits commis la veille dans une maison de banque, ont joué à la

Bourse ; les autres, comme vous, sont nés dans un hôtel.

D'autres encore ont eu pour point de départ un magasin de mercerie en gros.

Les premiers ont trouvé dans la dernière liquidation un coupon de rente, une loge à l'Opéra et un cheval de selle.

Les seconds ont fait leur éducation de gentilshommes sur le turf de La Marche et dans les écuries.

Les troisièmes enfin mangent galamment au jeu, avec les femmes, et par tous les moyens possibles, les écus amassés par le bonnetier leur père.

— Mais, monsieur, dit le comte, toujours dédaigneux et calme, avant de vous demander où vous voulez en venir, laissez-moi simplement vous faire remarquer que ceux qui comme moi sont nés dans un hôtel...

— Ne hantent point, voulez-vous dire, les mêmes lieux que ceux qui sont nés dans une boutique de mercerie, n'est-ce pas?

— Précisément.

— Eh bien! vous vous trompez, et je n'en veux pour preuve qu'un seul exemple.

— Ah! voyons.

— M. Gustave Chaumont est votre ami?

— C'est-à-dire que nous jouons et montons à cheval ensemble.

— Eh bien! son père, M. Simon

Chaumont, a fait sa fortune dans le commerce de rouennerie.

— Bon! après?

— Et les gens enrichis par la Bourse se rencontrent journellement avec vous à la Maison d'Or, au bois, à Chantilly, au club.

— Très-bien! où voulez-vous en venir?

— A ceci, que vous êtes tous de la grande famille de ces jeunes gens sans cœur, sans principes, insolents avec les

femmes honnêtes, lâches avec les drô-
lesses du monde galant...

— Monsieur!

— Bah! fit le docteur, laissez-moi donc continuer, je me borne à des généralités.

Et après avoir aspiré gravement une bouffée de fumée, le docteur reprit :

— Ce jeune homme ganté de gris perle, qui lorgne avec impertinence la femme qui passe près de lui, ce beau fils qui conduit son poney-chaise, et qui rudoie les piétons, ce petit monsieur qui montre dans tous les coins une lettre d'amour dont il est indigne, ce commis enrichi par la liquidation dernière et qui lance de gros bouquets sur la scène, à l'Opéra, — tout ce monde-là, mon cher ami constitue la grande famille que depuis quelques années on voit se promener à certaines heures sur le boulevard des Italiens.

Or, le boulevard des Italiens s'est nommé jadis boulevard de Gand et, un beau jour, on vous a appelés, vous et vos pareils, les *Gandins*.

— Merci de la définition, je ne la connaissais pas, dit le comte d'un air railleur.

— Attendez! continua le docteur. Je vous disais donc que vous étiez ce qu'on nomme un *gandin*, et, pour moi vous êtes le prototype de cette catégorie, car vous n'avez pas, comme bien d'autres, l'excuse de vous être subitement trouvé riche.

— Monsieur, s'écria Paul avec humeur, permettez-moi de vous demander si c'est pour me dire de pareilles choses que vous êtes venu chez moi.

Le docteur haussa les épaules.

— Bah ! dit-il, vous êtes mon fils, après tout. Je ne vous demande pas le respect, mais vous pouvez bien m'écouter. Tenez, je vais vous dire votre histoire, comme je dis un jour la sienne à la comtesse votre mère.

— Il paraît, ricana Paul de Morangis,

que vous tenez à établir votre réputation de sorcier.

— Peut-être...

— Eh bien ! voyons.

— Il y a environ un an, reprit le docteur, vous avez fait un voyage en Morvan.

— C'est vrai.

— Vous êtes descendu chez le baron de Nesles.

— Un brave homme railla Paul.

— Vous avez séduit sa femme.

— C'était mon droit de... *gandin*... comme vous dites.

— Oh! je ne vous blâme pas! je constate un fait, voilà tout.

— Bien... Après?

— En même temps vous avez tourné la tête à la femme de chambre de la baronne.

— C'est vrai encore.

— Nana avait été sage jusque-là; vous l'avez perdue...

— J'en ai fait une jolie fille qu'après

moi tout le monde désirera et couvrira d'or, dit le jeune comte avec cynisme.

— Vous alliez en Morvan avec l'intention d'épouser...

— Oh! pas moi!...

— Soit. C'est votre mère qui vous y envoyait avec l'intention de vous faire épouser Mademoiselle Blanche Charvet de Pierrefeu.

— Une jeune fille charmante, convenez-en.

— Comme la baronne Pauline de Nesles, comme Nana la camérière, Blanche s'est éprise de vous...

— Tiens! vous savez cela?

— Nana a lutté trois mois, Pauline a lutté un an, elle succombera ce soir.

— C'est probable, fit M. de Morangis avec son sang-froid ordinaire.

— Blanche succombera...

— Dans huit jours.

Le docteur eut un rire méphistophélique.

— Bravo, dit-il, vous êets bien mon fils, et vous répondez à merveille à mes espérances.

— Ah! vous avez fondé une espérance quelconque sur moi?

— C'est possible.

Paul se leva et alla vers un joli meuble de Boulle placé entre les deux croisées du fumoir :

— Puisque vous êtes mon père, dit-il en ouvrant le meuble, je conçois vos espérances.

Il prit un portefeuille dans lequel il y avait bien une dizaine de mille francs en billets de banque et le tendit au docteur.

— Tenez, dit-il, je sais faire l'aumône aux auteurs de mes jours, surtout pour m'en débarrasser.

— Ah! bravo! bravo!! répéta le docteur rouge, qui repoussa le portefeuille et continua à rire, bravo!!!

— Hein! fit le comte, qui ne comprit pas le refus.

— Vous allez jusqu'à humilier votre père et vous lui jetez de l'or à la tête! poursuivit le docteur riant toujours; don Juan, l'impie, n'eût pas fait mieux. Vous êtes complet.

— Que voulez-vous donc? demanda le jeune homme un peu déconcerté.

— Oh! plus rien...

— Comment... plus rien?...

— Je suis venu ici pour bien m'assurer que vous étiez mon fils, — c'est-à-dire le produit monstrueux d'un homme et d'une femme sans cœur. Je vais m'en aller fier de mon œuvre...

Et le docteur se leva à son tour. Puis il tendit la main au jeune comte.

— Au revoir ! dit-il.

— Au revoir, répondit Paul, qui avait retrouvé son calme habituel.

Le docteur fit trois pas vers la porte, puis il s'arrêta et se retourna.

— Quand vous aurez besoin de moi, dit-il, vous pourrez m'écrire ; je suis homme de bon conseil, lorsqu'il s'agit de faire le mal.

Il déposa sa carte sur un guéridon placé auprès de la porte. Sa carte portait cette indication :

LE DOCTEUR SAMUEL

HOTEL DU LUXEMBOURG.

Rue Saint-Honoré.

Le jeune comte de Morangis regarda partir l'étrange personnage avec une indifférence parfaite.

— Décidément, murmura-t-il, cet

homme-là a beau être mon père, il me déplaît horriblement. Il m'a agacé les nerfs pour le reste de la journée... Que ferais-je bien pour me distraire?

Paul de Morangis rêva un moment.

— Bah! dit-il, je vais aller voir Nana. C'est une idée!...

CHAPITRE TROISIÈME.

III

A peu près à l'heure où le jeune comte Paul de Morangis terminait la lecture du manuscrit qu'il avait trouvé sur la cheminée, un poney-chaise descendait la rue Taitbout, tournait l'angle de la rue Saint-Lazare et s'arrêtait devant une belle maison neuve.

Ce poney-chaise, attelé d'un vigoureux demi-sang, était conduit par un homme de trente-cinq à trente-six ans environ, très-brun de visage, portant de gros favoris noirs et remarquable par la brutalité avec laquelle il criait aux piétons de se ranger.

Comme il s'arrêtait rue Saint-Lazare, un ouvrier, à qui il avait lancé un *hop* !

énergique, se retourna et l'apostropha ainsi :

— Tais-toi donc, Pierret! A la prochaine liquidation, ta voiture fera le saut!...

Cet homme jeta les rênes à son groom, respectueusement assis derrière lui, descendit de voiture, et entra dans la maison neuve.

Puis il prit le premier escalier à gauche sous la voûte, monta à l'entresol et sonna à l'unique porte.

Une jolie soubrette vint ouvrir.

— Bonjour, Marion, dit l'homme au poney-chaise avec un accent bordelais très-prononcé.

— Bonjour, monsieur Luxor, répondit la soubrette d'un petit ton dédaigneux et sans paraître vouloir s'effacer pour le laisser entrer.

— Madame est-elle levée? demanda le visiteur.

— Je ne sais pas.

— Hein?

— Madame n'est pas rentrée.

— Oh! oh! fit le Bordelais, en fronçant le sourcil. Sais-tu quand elle rentrera?

— Non.

— C'est égal, je vais l'attendre.

— Oh! ce n'est pas la peine, dit sèchement la soubrette : hier encore madame m'a dit qu'elle ne voulait pas vous recevoir.

— Bah! dit M. Luxor sans se déconcerter, tu me recevras, toi.

Et il prit un portefeuille dans la poche de côté de son paletot.

La soubrette fit une petite moue pleine de mépris :

— Est-ce que vous voulez me corrompre, dit-elle?

— Peut-être.

M. Luxor tira un billet de cent francs de son portefeuille et le lui tendit.

Marion prit le billet et s'effaça.

— Entrez! dit-elle, mais si madame

rentre de mauvaise humeur et qu'elle me chasse...

— Je te prendrai à mon service.

L'homme, qui s'appelait M. Luxor, et qui avait fait, dans les derniers tripotages de la Bourse, une fortune considérable, pénétra dans l'appartement, traversa une antichambre spacieuse, une fort belle salle à manger, et entra dans un salon blanc et or du meilleur goût.

— Ah! dit-il en se laissant tomber assez lourdement sur un canapé, il n'y a que ces dames qui savent se meubler ainsi.

La soubrette l'avait suivi.

— Qui a donc payé ce mobilier? demanda M. Luxor.

Marion, qui avait fait disparaître le billet de cent francs, et n'avait plus par conséquent de raisons sérieuses pour ménager le visiteur, le toisa des pieds à la tête.

— Vous êtes trop curieux, dit-elle.

— Bah! répondit le boursier; si je voulais te faire jaser...

— Je jase à l'occasion, répliqua froidement Marion; mais...

— Ah! voyons le mais.

— Mais ça coûte cher.

— Hé! hé! ma petite, si tu avais des choses intéressantes à m'apprendre... on verrait...

Le boursier reprit son portefeuille.

— Monsieur, dit Marion qui repoussa un second billet de cent francs que lui tendait M. Luxor, je ne cause pas pour des misères...

— Peste !

— Et quand vous saurez de quelle nature sont les confidences que je puis vous faire, vous verrez que ce que vous m'offrez n'est pas présentable.

Ayant ainsi parlé, la femme de chambre s'assit sans façons aucunes auprès de M. Luxor, sur le canapé.

— Tenez, dit-elle, nous allons causer.

— Soit, murmura le boursier stupéfait.

— Marion reprit :

— Voici huit mois que je suis au service de madame, et cinq que vous êtes amoureux d'elle et me donnez tous les jours un louis pour me charger de vos poulets.

— Auxquels on ne répond jamais, soupira le boursier.

— Je sais pourquoi.

— Ah ! tu le sais ?

— Madame est sage.

M. Luxor eut un bruyant éclat de rire.

— Ceci est trop fort, dit-il.

— C'est la vérité.

— Allons donc!

— Sage, je m'entends, poursuivit la soubrette. Madame a un ami qu'elle aime... et qui...

Marion s'arrêta.

— Et qui?... insista le boursier.

— Ne l'aime plus, acheva Marion.

— C'est donc pour le ramener qu'elle est... sage...

— Monsieur, reprit Marion, est-ce que vous avez jamais entendu dire que madame eût un amant?

— C'est-à-dire qu'on ne lui en connaît pas, mais on pense bien...

— On pense tout ce qu'on veut, mais on ne sait rien. Madame est de tous les soupers, de toutes les parties; on la voit au bois à cinq heures, à l'Opéra le soir, presque toujours avec une amie, souvent sa loge est pleine de messieurs, mais en quittant le spectacle, elle monte toute seule dans sa voiture.

— Ma petite, dit M. Luxor, ton raisonnement peut être joli, mais il manque de justesse.

— Vous trouvez?

— C'est comme un calcul qui pêche par la base. Je m'y connais en calcul, moi, j'ai été teneur de livres chez un banquier avant de devenir millionnaire.

— Ça se voit bien! dit la soubrette avec impertinence.

— Or, reprit M. Luxor, si ta maîtresse était aussi sage que tu veux bien le dire...

Le boursier regarda la pendule:

— Elle serait chez elle à pareille heure, acheva-t-il.

Marion haussa les épaules.

— Madame soupe encore, dit-elle.

— A dix heures du matin?

— Pourquoi pas? Mais, continua Marion, cela ne vous regarde pas au surplus. Vous aimez ma maîtresse et ma maîtresse ne veut pas de vous...

— Ce qui m'étonne...

— Cela ne m'étonne pas, moi.

— J'ai un coupon de cent vingt mille livres de rente, pourtant.

— Madame n'est pas intéressée.

— Bah!

— Et puis l'*ami* de madame est fabuleusement riche.

M Luxor se mordit les lèvres.

— En vérité ! murmura-t-il.

— Et si madame consentait jamais à... le quitter...

— Eh bien !

— Ce serait par dépit.

— Mais tu me dis qu'*il* ne l'aime plus.

— Il y a longtemps...

— Et ta maîtresse...

— Ma maîtresse rentre le soir en riant aux éclats, et pleure ensuite toute la nuit. Si vous arriviez dans ces moments-là... peut-être... mais vous n'avez pas de chance, M. Luxor.

— Voici le moyen d'en avoir, répondit le boursier qui ouvrit de nouveau son portefeuille, d'où il tira cette fois un billet de cinq cents francs.

Marion allongea une jolie main garnie d'ongles roses.

— Tout beau! mignonne, dit M. Luxor, n'allons pas si vite! Puisque ta maîtresse a des heures de dépit, il te sera certainement très-facile d'en profiter à mon intention...

— On verra... donnez...

Mais M. Luxor ne lâchait pas le billet de cinq cents francs.

— Plus tard, dit-il, jase encore...

— Voulez-vous savoir le nom de l'ami de madame?

— Certainement.

— Alors, donnez...

— C'est cher!

— Comme vous voudrez, fit Marion avec calme.

Elle se leva et fit mine de s'en aller.

— Veux-tu cent francs ?

— Soit ; donnez.

— Tu auras le reste plus tard.

— Convenu ! L'ami de madame se nomme le comte Paul de Morangis.

— Parbleu ! s'écria le boursier, je connais ce nom-là, moi !

— C'est bien possible. Mais à coup sûr M. le comte ne vous connaît pas...

— Tu crois?

— J'en suis sûre.

— Et pourquoi cela, mignonne?

— Parce que les gens du monde comme lui...

Marion s'arrêta, pinça ses lèvres roses, regarda le boursier avec insolence et finit par lui rire au nez.

— Monsieur le comte, acheva-t-elle, ne joue pas à la Bourse...

M. Luxor haussa les épaules et, sans doute il allait répondre à la soubrette sur le même ton d'impertinence, lorsqu'un violent coup de sonnette se fit entendre.

Marion se leva précipitamment.

— Voilà madame, dit-elle, restez-là... et ne bougez pas...

La soubrette se précipita hors du salon, et M. Luxor entendit peu après quelques mots échangés dans l'antichambre.

Puis la porte du salon s'ouvrit, et une femme entra.

Cette femme était merveilleusement belle, et, certes, les hôtes du manoir morvandiau habité par le baron de Nesles, ne l'eussent déjà plus reconnue.

Cette femme qui entrait, drapée dans un cachemire long qu'elle portait avec l'aisance d'une duchesse de bonne roche, c'était Nana.

Nana la petite Morvandelle, Nana la femme de chambre de la belle baronne Pauline de Nesles, Nana que Jean-François le jardinier rudoyait et que M. le comte de Morangis avait séduite.

La pécheresse entra d'un pas brusque et s'arrêta tout à coup en apercevant M. Luxor, nonchalamment assis sur le canapé.

Le boursier, habitué à traiter les femmes du haut de ses millions, ne se leva point tout d'abord; mais le regard dominateur que Nana laissa tomber sur lui l'y contraignit, et il ôta respectueusement son chapeau.

Nana lui rendit sèchement son salut et lui dit:

— Vous m'attendiez, monsieur?

— Oui, madame.

— Pour quelle affaire?

Elle posa cette question avec un dédain superbe.

— Mais, répondit le boursier, ce n'est pas précisément... pour... une affaire...

— Pourquoi donc alors?

M. Luxor avait l'aplomb de la fortune et il s'enhardit :

— Je venais chercher une réponse à mes lettres, dit-il.

— A vos lettres ?

— Sans doute.

— Mais, dit Nana avec beaucoup de calme, je ne les ai jamais ouvertes.

Elle indiqua du doigt une coupe en porcelaine de Sèvres qui était placée sur la cheminée.

— Les voilà, lui dit-elle.

M. Luxor s'approcha et reconnut avec dépit tous ses billets amoureux dont le cachet était parfaitement intact. Mais il ne se déconcerta pas pour si peu.

— En ce cas, dit-il, je vais vous dire ce qu'il y a dedans.

Et il se rassit.

Nana était habituée à de certains égards de la part des hommes qui l'approchaient. L'insolente suffisance de M. Luxor la stupéfia.

Un moment elle saisit un gland de sonnette afin d'appeler un domestique pour faire chasser le boursier. Mais elle se contint, et subissant une réaction bizarre :

— Eh bien ! soit, dit-elle je vous écoute.

Nana venait de se dire que cet homme devait avoir une bien grande valeur personnelle pour oser se conduire aussi cavalièrement.

Elle s'enfonça dans une chauffeuse en

face du canapé sur lequel M. Luxor était assis.

Puis appuyant son coude sur son genou et son menton dans sa main, elle le regarda curieusement :

— Eh bien ? dit elle.

Le boursier se renversa à demi, reprit sa pose suffisante et dit :

— Je m'appelle Luxor, madame, et je ne sais pas trop pourquoi je suis israélite.

— C'est peut-être la raison, observa Nana d'un ton moqueur. Après ?

— Je suis de Bordeaux.

— On s'en aperçoit à votre accent.

— Je joue à la Bourse.

— On le devine à vos manières, répliqua Nana toujours railleuse.

— Je manque peut-être d'éducation...

— Oh! peut-être... vous êtes fat!

— Mais j'ai du *trois pour cent*, des *mobiliers* et des *chemins*.

— Qu'est-ce que cela me fait? demanda froidement la pécheresse.

Ces derniers mots de Nana déconcertèrent un peu le boursier. Il avait *manqué son effet,* comme on dit au théâtre.

Cependant, il reprit :

— Mais cela doit vous prouver que je rachète assez bien quelques imperfections, et que...

—Voyons, dit Nana, raillant toujours, il faut que je vous aide un peu, sans cela nous n'en finirons jamais. Vous êtes riche, vous avez gagné beaucoup d'argent...

— J'ai cent vingt mille livres de rente.

— Ce qui veut dire : Je viens vous offrir de m'aider à les croquer.

— Ma foi! dit naïvement le boursier, c'est bien possible. Voilà cinq mois que je me meurs d'amour pour vous.

— Pauvre homme!

— Et comme je n'ai ni parents, ni femme, ni enfants...

Nana eut un bruyant éclat de rire :

— Est-ce que voudriez m'épouser?

— Non... mais...

La pécheresse eut un geste de reine :

— Assez! dit-elle, vous venez m'offrir un hôtel, des chevaux et des diamants; n'est-ce pas?

— Oui, tout ce que vous voudrez.

— C'est beaucoup...

Et Nina continua à rire.

Mais son rire était nerveux et elle était pâle comme une statue.

— Je fais bâtir un petit hôtel aux Champs-Elysées, poursuivit M. Luxor, je vous le donne.

Nana haussa les épaules et devint tout à coup sérieuse.

— Tenez, dit-elle, vous êtes brutal et mal élevé et vous me parlez de votre amour comme on traite une affaire de commerce, mais je vous pardonne, parce que, au fond, cet amour me semble vrai.

— Oh! certes, dit le boursier.

—Malheureusement, poursuivit Nana, je ne puis l'accepter.

M. Luxor devint pâle à son tour.

— Regardez-moi, continua la pécheresse, je ris, mais j'ai les yeux rouges, — je vais pleurer tout à l'heure, quand vous serez parti.

M. Luxor allait se précipiter aux genoux de Nana, car il venait de ressentir une émotion subite, tant il y avait de douleur dans la voix navrée de la jeune femme, lorsqu'un nouveau coup de sonnette se fit entendre.

— Mon Dieu! s'écria Nana, si c'était lui!

Elle courut à la croisée, l'ouvrit, et se pencha dans la rue.

Un petit coupé bleu, attelé d'un cheval noir, venait de s'arrêter à la porte.

Un domestique, en livrée blanche, était sur le siége.

— C'est lui! dit Nana, dont la voix s'altéra.

Et la pécheresse, tout à l'heure pâle et triste, rougit subitement; la joie brilla dans ses yeux, et elle revint vers M. Luxor qu'elle prit par la main.

— Venez, dit-elle, venez par là! Il ne faut pas qu'il vous voie!

Elle l'entraîna vers un boudoir attenant au salon, l'y fit entrer et ajouta :

— Ne bougez pas! attendez ..

Puis elle ferma la porte, laissant le boursier livré aux tortures de la jalousie.

CHAPITRE QUATRIÈME.

IV

Tandis que M. le comte Paul de Morangis se rendait chez Nana et arrivait au moment où cette dernière se hâtait de s'enfermer dans son boudoir, la porte d'un vieil hôtel de la rue Saint-Dominique s'ouvrait et livrait passage à une jeune fille, simplement mais élégamment vêtue ; sa démarche fière et hardie indiquait des habitudes aristocratiques, et le châle de l'Inde qui la drapait pardessus une robe sans volants disait fort éloquemment qu'elle était riche. Cette jeune fille, fort belle du reste, et qui n'était autre que mademoiselle Blanche Charvet de Pierrefeu, longea la rue St-Dominique et prit le chemin de l'église Saint-Thomas-d'Aquin.

Les abords de l'église étaient déserts, et quand la jeune fille entra, ce fut à peine si elle aperçut une dizaine de personnes disséminées dans la grande nef.

Sans hésitation aucune, Blanche se dirigea vers une chapelle latérale, y pénétra, s'agenouilla, ouvrit un livre d'heures et se mit à prier,

Quelques minutes après, un jeune homme s'avança timidement et s'agenouilla derrière elle.

Blanche, absorbée par sa pieuse lecture ne se retourna point.

Ce jeune homme pouvait avoir vingt-cinq ans; il était un peu pâle, ses traits étaient altérés mais réguliers, et ses yeux un peu tristes avaient un grand charme. Grand, bien fait, il avait des mains de femme et des pieds d'enfant.

Blanche Charvet de Pierrefeu fit sa prière et demeura agenouillée environ une heure.

Pendant tout ce temps-là, le jeune

homme demeura immobile derrière elle, retenant pour ainsi dire son haleine, tant il craignait de la troubler.

Enfin Blanche se leva ; et après s'être inclinée devant l'autel, elle allait quitter la chapelle, quand elle tressaillit tout à coup ; elle venait d'apercevoir le jeune homme.

Celui-ci rougit un peu, mais il la salua néanmoins avec aisance et lui dit tout bas :

— Je suis venu ici pour vous.

Blanche rougit à son tour.

— Pour moi? fit-elle en se penchant vers lui.

— Oui, mademoiselle. Sortez..... je vous suis...

L'accent du jeune homme avait quelque chose de mystérieux et de solennel qui impressionna vivement mademoiselle de Pierrefeu.

Elle s'inclina sans répondre et quitta la chapelle.

Le jeune homme la regarda s'éloigner; puis il se leva à son tour et la suivit.

Nul, dans l'église, ne remarqua ce double départ.

Blanche de Pierrefeu sortit de Saint-Thomas d'Aquin par la petite porte, s'arrêta sous le porche et attendit.

Deux minutes après, elle fut rejointe par le jeune homme.

— Monsieur de Mas?... dit-elle, continuant à rougir.

— Pardonnez moi, mademoiselle, repondit le jeune homme, pardonnez-moi si j'ose me présenter à vos yeux...

— Monsieur...

— J'ai demandé votre main, autrefois, et refusé par madame votre mère, j'ai dû me retirer...

Blanche baissa les yeux.

— Oh! rassurez-vous, poursuivit le jeune homme, je ne viens point vous parler de moi, mademoiselle, mais... de vous...

— De moi? fit Blanche avec un étonnement plein d'angoisses.

M. de Mas reprit :

— J'ai eu le courage de renoncer à vous, mademoiselle...

— Ah! monsieur... pourquoi rappeler..

— Et jamais je ne vous reparlerai de mon amour.

Blanche baissait toujours les yeux.

D'abord, continua M. de Mas, parce que la volonté de madame votre mère est inflexible; — ensuite, parce que... à cette heure...

Il hésita. Blanche se reprit à rougir.

— Parce que, acheva-t-il avec émotion, votre cœur n'est plus libre... aujourd'hui.

Blanche pâlit subitement.

— Tenez, poursuivit M. de Mas, vos yeux sont rougis par les larmes. Vous venez de pleurer, mademoiselle.

— Monsieur...

— Et si je me permets de vous aborder, de me trouver sur votre route, c'est que votre intérêt.... votre honneur....

Blanche releva fièrement la tête et regarda M. de Mas.

— Que voulez-vous dire, monsieur? demanda-t-elle.

Le jeune homme soutint le regard de la patricienne

— Mademoiselle, dit-il, je suis gentilhomme, et ma parole est sacrée.

— Je le crois, monsieur.

— Si je vous donne ma parole que j'ai renoncé à toute espérance et que je n'ai plus pour vous qu'une respectueuse et fraternelle affection,..

— Je vous croirai, monsieur.

— Ainsi, vous n'attribuerez ni ma démarche, ni mes paroles, à un sentiment de jalousie?

— Ah! monsieur...

— C'est bien. Je puis parler ..

L'accent de franchise, le regard loyal de M. de Mas impressionnaient mademoiselle de Pierrefeu. Qu'avait-il donc à lui dire?

M. de Mas reprit :

— Si j'ose vous faire une question, y répondrez-vous?

— Oui, dit Blanche.

— Eh bien! aimez-vous le comte Paul de Morangis?

Blanche rougit et pâlit tour à tour; mais elle répondit sans hésiter :

— Oui, monsieur, je l'aime...

— Êtes-vous bien décidée à devenir sa femme?

— Oui, dit encore la jeune fille.

— C'est bien, mademoiselle; je n'ai plus rien à vous demander.

M. de Mas s'inclina et fit un pas de retraite.

Blanche le retint

— Monsieur, lui dit-elle, vos questions sont au moins singulières, et vous trouverez naturel, j'imagine, que je vous demande une explication.

Une nouvelle hésitation se peignit sur le visage du jeune homme.

— Donnez-moi le bras, reprit Blanche, et veuillez m'accompagner jusqu'à l'hôtel; nous causerons en chemin.

La fière jeune fille avait un accent dominateur qui l'emporta sur les résolutions de M. de Mas.

— Je suis à vos ordres! dit-il.

Blanche prit le bras qu'il lui offrait et ajouta:

— Vous êtes souvent venu chez ma

mère avant de demander ma main, et dans le quartier on sait qui je suis. Vous pouvez donc m'accompagner sans me compromettre aucunement.

— Vous êtes au dessus du soupçon, mademoiselle! répondit le jeune homme en s'inclinant.

— Monsieur, poursuivit Blanche, vous m'avez demandé si j'aimais le comte de Morangis, et je vous ai répondu affirmativement. Vous m'avez demandé ensuite si j'espérais devenir sa femme...

— Et vous m'avez répondu dans le même sens, dit M. de Mas.

— Pourquoi ces questions?

— Si vous épousez M. de Morangis, elles sont inutiles, mademoiselle, et je les retire.

Cette réponse inexplicable fit tressaillir Blanche de Pierrefeu.

— Oui, dit-elle; mais comme ce mariage n'est point fait encore...

M. de Mas hésitait toujours.

— Vous m'avez parlé tout à l'heure de mon intérêt, de mon honneur?

— Oui, mademoiselle.

— Eh bien?

— Et si je m'explique... me croirez-vous?

Blanche leva de nouveau sur le jeune homme son regard limpide.

— Je n'ai jamais douté de vous une minute, dit-elle simplement.

— Alors je n'hésite plus.

— Parlez...

— Mademoiselle, voici plus d'un an que M. le comte de Morangis vous a été présenté.

— C'est vrai.

— A l'époque où il fut envoyé en Morvan par sa mère, il était déjà question entre cette dernière et madame de Pierrefeu d'un projet de mariage.

— Je le sais, monsieur.

— Vous aimâtes le comte presque sur-le-champ..

Blanche rougit encore, mais elle répondit franchement :

— Cela est encore vrai.

— Pourquoi donc n'êtes-vous pas comtesse de Morangis depuis longtemps déjà, mademoiselle ?

La jeune fille ne s'attendait point à cette question à brûle-pourpoint.

— Pourquoi... pourquoi ?... balbutia-t elle. Mais je ne sais... des lenteurs imprévues...

— Ou plutôt, fit M. de Mas, d'ingénieux prétextes trouvés par le comte.

— Des prétextes!...

— Mademoiselle, continua le jeune homme d'un ton respectueux et ferme à la fois, vous m'avez promis de me croire...

— Je vous crois.

— De n'attribuer mes paroles à aucun sentiment personnel.

— Je vous tiens pour un galant homme.

— Et si je vous dis que le comte de Morangis ne vous aime pas...

Blanche pâlit, mais elle osa répondre :

— Je dirai qu'on vous a trompé.

— Et si je vous le prouve...

— Oh! fit la jeune fille, dont la main trembla soudain sous le bras de M. de Mas.

Celui-ci continua :

— M. le comte de Morangis ne vous aime pas et ne songe nullement à vous épouser.

— Monsieur!...

— Je sais bien qu'il vient chaque soir vous voir, et qu'il se plaint de retards, indépendants de sa volonté, que les événements se plaisent à apporter à votre union. Ainsi, vous avez été en deuil d'un oncle... Le comte prétend, lui, qu'il a des comptes embrouillés de tutelle à demander à sa mère, et que cette dernière recule son mariage le plus possible.

— C'est vrai.

— Eh bien ! mademoiselle, continua

M. de Mas, que tout cela soit vrai ou faux, laissez-moi vous dire que votre réputation...

Blanche se redressa pâle et fière.

— Et qui donc, fit-elle avec l'accent d'une reine outragée, qui donc oserait y toucher?

— Le monde.

— Prenez garde, monsieur!

M. de Mas prit la main de la jeune fille et lui dit :

— Vous m'avez promis de me croire ; laissez-moi aller jusqu'au bout.

— Parlez...

— Si, d'ici à trois semaines, vous n'êtes point comtesse de Morangis, vous serez perdue de réputation.

— Ah !...

— Hier, mademoiselle, poursuivit le jeune homme, dans un club, M. de Morangis a déclaré hautement qu'il avait une profonde aversion pour le mariage.

Blanche étouffa un cri.

— Ah! dit-elle, c'est impossible!...

— C'est vrai.

— On vous a trompé...

— Non, je l'ai entendu.

— Vous?

— Moi.

Jusque-là, mademoiselle de Pierrefeu avait cheminé lentement au bras de son cavalier.

Mais à ces derniers mots, elle s'arrêta brusquement.

— A quelle heure, dit-elle, M. de Morangis a-t-il tenu ce langage?

— Il était un peu plus de minuit.

— Et cela se passait?

— A mon club, dont il est membre...

— Monsieur, dit Blanche, je vous tiens pour un galant homme, mais êtes-vous bien sûr de n'avoir point rêvé...

— J'en suis certain Mais ce n'est pas tout encore...

— Ah! fit la jeune fille, livide d'émotion et de colère,

— Un de nos amis, M. Gustave Chaumont, l'entendant parler ainsi, s'est écrié : « Messieurs, Paul est un fat, car il est fiancé à la belle Mlle Charvet de Pierrefeu, et il l'épousera avant un mois. »

— Et qu'a répondu le comte?

— Le comte a haussé les épaules et nous a dit avec cynisme : « Blanche est une fille charmante dont je ferai volontiers tout autre chose que ma femme, et, le diable aidant, j'espère y arriver. »

Mademoiselle de Pierrefeu quitta brusquement le bras de M. de Mas et elle appuya sa main sur son front:

— Vais-je donc devenir folle? murmura-t-elle.

M. de Mas gardait le silence.

Tout à coup la jeune fille lui prit la main :

— Savez-vous bien, dit-elle, qu'hier, à dix heures du soir, il était chez ma mère?

— Je le sais.

— Et qu'il me disait : J'espère bien que vous serez ma femme avant un mois ?...

— Je le sais encore ; mais ne lui avez-vous jamais écrit ?...

Blanche devint livide.

— Certainement, dit-elle.

— Vous lui avez écrit ?

— Oui.

— Plusieurs fois ?

— Oui.

— A l'insu de madame votre mère ?

— Oui, car j'ai cru un moment qu'après avoir encouragé notre amour, ma mère renonçait à cette union et avait d'autres projets.

— Vous avez commis une imprudence, mademoiselle.

La jeune fille recula d'un pas.

— Mais parlez donc! s'écria-t-elle, dites-moi que mes lettres...

— Vos lettres ont été lues en petit comité, dans un salon où on jouait au wisth... L'une commence par cette phrase : « Mon cher époux futur, je compte les minutes depuis tantôt, et, l'œil fixé sur la pendule de mon boudoir... »

Blanche ne poussa pas un cri; sa pâleur n'augmenta point; mais un éclair jaillit de ses yeux.

— Monsieur, dit-elle au jeune homme, vous avez demandé ma main et on vous l'a refusée; je n'ai donc aucun titre à votre sympathie.

— Mademoiselle...

— Cependant il me faut un protecteur, et je sens que c'est vous!

M. de Mas demeura calme et grave.

— Je vous remercie, mademoiselle, dit-il simplement.

— Je n'ai plus de père, je n'ai pas de frère, continua Blanche de Pierrefeu, et cependant je suis outragée... Qui donc me vengera?

— Moi, dit M. de Mas.

— J'aime M. de Morangis, je l'aimais du moins.

M. de Mas secoua la tête.

— Vous l'aimez encore, dit-il.

— C'est vrai. Mais je l'aime et je le hais; et je vous l'abandonne... Il faut qu'il m'épouse sur-le-champ ou que...

Elle hésita et regarda son interlocuteur:

— Ou que je le tue, n'est-ce pas? demanda celui-ci.

— Vous avez deviné, monsieur, dit Blanche de Pierrefeu. Adieu...

Elle prit la main du jeune homme, la serra convulsivement et s'enfuit vers la rue Saint-Dominique.

CHAPITRE CINQUIÈME.

V

M. de Mas revint sur ses pas lorsque mademoiselle de Pierrefeu l'eût quitté. Il parcourut une seconde fois le chemin qu'il venait de faire avec la jeune fille, revint vers l'église et monta dans un fiacre qui stationnait devant le porche.

— Aux Champs-Élysées ! dit-il au cocher.

Et comme le fiacre partait, le jeune homme murmura :

— Il faudra bien qu'il épouse Blanche ou qu'il se batte !

Vingt minutes après, le fiacre s'arrêtait à la grille de l'hôtel de Morangis.

— M. le comte y est-il ? demanda M. de Mas au suisse.

— M. le comte est sorti.

— Depuis longtemps?

— Il y a une heure environ.

— Rentrera t-il bientôt?

— Je ne pense pas, dit le suisse.

— Et savez-vous où on le trouverait?

— Au café Anglais, où il déjeune généralement tous les jours vers midi.

M. de Mas remonta dans son fiacre et se fit conduire au café Anglais.

Il y avait dans cet établissement un petit salon au premier où déjeunaient d'ordinaire une douzaine de jeunes gens qui se connaissaient entre eux.

M. de Mas y pénétra et aperçut tout d'abord M. Gustave Chaumont, qui mangeait un perdreau froid en compagnie du baron Rastemberg.

Le baron Rastemberg était un petit monsieur blond et rose, à moustaches rouges, fort à cheval sur sa généalogie, et qui dépensait très-galamment une partie de ses trente mille livres de rente à faire imprimer des petits volumes de vers que personne ne lisait.

Le baron Rastemberg était l'ami intime de deux autres personnages qui déjeunaient à une table voisine.

L'un s'appelait le vicomte Oscar, l'autre portait le nom beaucoup plus roturier de Eugène Renaud. Ce dernier était un gros garçon joufflu, haut en couleur s'efforçant de racheter sa beauté de charcutier par une mise élégante qui lui donnait un peu l'air d'une gravure de mode.

M. Eugène Renaud était une manière d'écrivain ; il composait, en collaboration avec le baron Rastemberg, de petites histoires qui avaient un certain succès parmi leurs connaissances; il croquait sa fortune à la Bourse, adorait une fille blonde et maigre qui se moquait de lui et éprouvait le besoin perpétuel de se frotter à des gens affaissés sous le poids de leurs nombreux quartiers de noblesse.

M. Eugène Renaud recherchait beaucoup la société de son convive le vicomte Oscar de Chardonneret. Ce dernier s'était fait faire une assez belle généalogie. Un d'Hosier moderne lui avait prouvé, moyennant dix mille écus, sa descendance directe des Vidames de Carpentras.

Le vicomte Oscar tenait beaucoup à cette filiation, et lorsque M. de Mas en tra, il racontait, pour la centième fois au moins comment *Jacques le Verdâtre*, vidame de Carpentras en l'an 900, avait pris le nom de *Chardonneret*.

— Parbleu, messieurs, s'écrir M. Gustave Chaumont en voyant entrer M. de Mas, voici Alphonse qui doit être plus compétent que moi sur ces matières. Bonjour, Alphonse...

Alphonse de Mas s'approcha, salua tout le monde et dit :

— De quoi s'agit-il ?

— On parle noblesse, répondit Gustave Chaumont, et cela m'est bien égal à moi. Je suis vilain et n'en rougis pas.

— Il y a tant de vilains qui sont nobles et de nobles qui sont vilains, murmura M. de Mas en souriant.

— Bravo !

— M. de Mas a des théories un peu... libérales, fit observer le baron Rastemberg, qui était comte du Saint-Empire et chevalier de l'Aigle jaune de Lithuanie.

— Mon cher baron, répondit M. de Mas, je suis un peu comme les savetiers qui causent rarement de leur profession. Je me crois trop bon gentilhomme pour parler noblesse.

— Alors, dit Gustave Chaumont, à ce compte le vicomte Oscar est moins noble que vous, car il nous rompt la tête chaque matin avec sa généalogie. Je n'avais jamais entendu parler des vidames de Carpentras, et voici que, grâce à leur descendant plus ou moins direct...

M. de Mas sourit.

— Je sais, acheva M. Chaumont, que Jacques le Verdâtre vivait en l'an 900.

— Monsieur Chaumont, s'écria le vicomte Oscar avec aigreur, j'aime peu ces plaisanteries : et si je m'occupe de ma généalogie, c'est que, en présence d'une loi sur les titres...

— Vous essayez de prouver les vôtres, c'est trop juste.

— Messieurs, dit M. de Mas, qui avait

l'esprit conciliant, laissez-moi vous mettre d'accord.

— Je ne demande pas mieux.

— Le vicomte n'avait jamais songé à descendre des vidames de Carpentras avant qu'un monsieur qui fait des livres sur la noblesse ne lui en ait donné l'idée. Pourquoi n'iriez-vous pas, vous, mon cher Chaumont, trouver le même monsieur : il vous fera descendre des comtes de Chaumont. De telle façon...

M. Alphonse de Mas fut interrompu par l'arrivée de Paul de Morangis.

Le jeune comte revenait de chez Nana.

— Bonjour, messieurs, dit-il en entrant. Si quelqu'un de vous sait une histoire amusante, il fera bien de me la dire.

— Pourquoi?

— Mais pour me distraire.

— Le vicomte pourrait te raconter

quelques détails inédits sur *Jacques le verdâtre,* ricana M. Chaumont.

— Assez! fit Paul. Un soir où j'avais offert une place à ce cher Oscar, j'ai été condamné à l'histoire tout entière et j'en ai fait une maladie.

Le vicomte Oscar de Chardonneret se mordit les lèvres; mais le grand cœur des vidames s'était légèrement altéré en arrivant jusqu'à lui, et il n'avait pas coutume de pousser trop loin les querelles.

— Ainsi, reprit M. Chaumont s'adressant au comte de Morangis, tu as besoin de te distraire.

— J'ai horriblement mal aux nerfs.

— Pourquoi ?

— Je viens de chez Nana. Elle a pleuré, sanglotté, elle m'a reproché de ne plus l'aimer... comme si je l'avais aimée jamais ! Cette fille est insupportable !,..

— Pardieu ! mon cher comte, dit Alphonse de Mas en s'approchant de M. de

Morangis, si vous voulez une histoire, j'en sais une.

— Amusante ?

— Je le crois.

— Eh bien ! allez...

— Nous vous écoutons, mon cher Alphonse, dit M. Chaumont.

M. de Mas hocha la tête :

— C'est une histoire que je ne puis dire à tout le monde.

— Bah !

— Et qui n'intéresse que M. de Morangis, après tout.

— Voyons! fit le comte étonné.

— Tenez, reprit M. de Mas, si vous voulez nous allons nous mettre là-bas, au bout du salon.

— Soit.

Le comte et M. de Mas allèrent s'attabler dans l'embrasure d'une croisée, assez loin pour qu'il fût impossible aux autres jeunes gens d'entendre leur conversation.

—Que diable allez-vous me raconter ? demanda le comte.

— L'histoire est un prétexte.

— Ah?

— Et je veux causer avec vous.

— Vraiment?

— Vous consulter...

— Je suis à vos ordres, dit le comte.

Il s'assit et regarda son interlocuteur.

—Monsieur le comte, reprit Alphonse de Mas, pourriez-vous me dire quelles sont les formalités à remplir pour se marier ?

— Drôle de question !

— Répondez toujours ?

— Mais, dit le comte de plus en plus étonné, on fait publier les bans dix jours avant le mariage, voilà tout, et on achète la corbeille.

— Est-ce tout ?

— Dame ! je le crois. Cependant, comme je ne me suis jamais marié et n'en ai point envie...

— Ah ! pardon, dit M. de Mas, je crois cependant que vous vous marierez.

— Vous croyez ?

— C'est l'avis de votre fiancée du moins.

— Bah !

— Ne devez-vous pas épouser mademoiselle Blanche Charvet de Pierrefeu ?

— On le dit. Mais...

— Mais je lui ai promis de vous voir et de vous accompagner aujourd'hui même à la mairie.

— Dans quel but?

— Dans le but d'y faire publier vos bans.

M. de Morangis regarda M. de Mas et se prit à rire.

— Voilà, dit-il, une plaisanterie charmante.

— Vous trouvez?

— Oh! certes!

— Mais ce n'est point une plaisanterie.

— Vraiment?

— Parole d'honneur !

— Vous avez promis à mademoiselle de Pierrefeu?...

— Que vous seriez son mari dans dix jours.

— Allons donc !

— Je le lui ai juré même.

— Vous avez eu tort.

— Ah !

— Car vous en serez pour votre serment, mon cher.

— Permettez... je lui ai juré de vous tuer, en cas de refus.

Le comte et M. de Mas se regardèrent et leurs regards se croisèrent comme des lames d'épée.

— Je comprends, dit M. de Morangis; vous êtes le champion de Blanche.

— Je suis son protecteur, et je ne veux pas que vous la déshonoriez.

— Assez! monsieur.

— L'accent du comte était froid et hautain.

— Vous avez le choix des armes, dit M. de Mas.

— Et vous celui de l'heure.

— Tout de suite, alors.

— Soit, mais où?

— Ici.

—Allons donc, quelle plaisanterie!...

— Rien n'est plus sérieux. Nous allons envoyer chercher des épées chez Devismes, là, en face.

— Très-bien.

— Et ces messieurs qui sont ici nous serviront de témoins.

— Morbleu ! dit le comte, ceci est assez original. Ce sera un duel dont on parlera.

Et il se leva.

— Dis-donc, Gustave, dit-il tout haut, sais-tu ce que M. de Mas voulait me raconter ?

— Non.

— Il me rappelait que nous avions un vieux compte à régler.

— De quelle nature?

— Oh! un coup d'épée que nous nous sommes promis d'échanger.

A ces paroles, les quatre jeunes gens se levèrent étonnés.

— Un duel!

— Une querelle!

— Y songez-vous?

— Entre gens du même club?

Telles furent les quatre exclamations qui se croisèrent.

— Chut! messieurs, dit M. de Mas,

en souriant. Le comte de Morangis et moi nous sommes déjà convenus de tout, et nous venons de poser un principe que nous garderions le secret sur le motif de notre rencontre.

Et s'adressant au baron Rastemberg :

— Tenez, mon cher baron, dit-il, voulez-vous descendre jusque chez Devismes. C'est notre ami à tous, il vous donnera des épées.

— Mais... voulut répliquer le baron stupéfait.

— Allez, baron, dit M. de Morangis, aussi calme que son adversaire, Chaumont et vous, Oscar, vous serez mes témoins, n'est-ce pas?

— Mais où comptez-vous donc vous battre?

— Ici.

— Allons donc? c'est impossible!...

— Du tout. Il y a un tapis, nous rangerons les tables... on se battra ici comme dans une salle d'armes.

— Et sur-le-champ?

— Sur-le-champ. Allez, baron.

Le jeune chevalier de l'Aigle jaune de Lithuanie sortit pour aller chercher les épées.

Presque aussitôt après on frappa discrètement à la porte.

— Entrez, dit Gustave Chaumont.

Un personnage assez bizarre, que le comte de Morangis reconnut sur-le-champ parut sur seuil.

C'était le docteur rouge.

— Messieurs, dit-il fort poliment, je suis médecin et chirurgien. Je me nomme le docteur Samuel. Vous allez vous battre et mon ministère pourra vous être de quelque utilité.

— Mille remerciements, monsieur, répondit le comte. Nous acceptons.

En ce moment, le jeune baron Rastemberg revint, apportant deux épées de combat dans un fourreau de serge verte.

Le descendant des vidames songeait toujours à sa généalogie fabuleuse !

CHAPITRE SIXIÈME.

VI

Nous avons laissé Nana enfermant M. Luxor dans son boudoir, et courant à la rencontre de M. le comte Paul de Morangis.

Le comte était venu dans son coupé bas, conduit par un cocher en livrée du matin.

Il était lui même fort simplement vêtu d'un pantalon de coutil blanc et d'une redingote noire, boutonnée jusqu'au menton.

Le jeune femme s'élança vers la porte du salon; puis, lorsque cette porte fut ouverte devant le comte, elle s'arrêta immobile, dominée par une violente émotion.

—Bonjour, Nana, dit le jeune homme en jetant négligemment sur le canapé où, tout à l'heure, M. Luxor était assis, ses gants et son chapeau.

Nana étouffa un cri de joie et se jeta au cou du comte.

— Ah! enfin! enfin!!! murmura-t-elle.

— Bon! fit celui-ci d'un ton sec, voilà que tu vas recommencer tes extravagances?

Les bras de Nana se détendirent.

— Mon Dieu! dit-elle, voilà huit grands jours que vous n'êtes venu.

— C'est vrai.

— Et depuis huit jours... Ah! Paul, mon Paul bien-aimé...

Le comte haussa les épaules.

— Ma petite, dit-il, laisse-moi te faire comprendre une fois pour toutes que je ne viens ici que lorsque cela me fait plaisir.

Nana redevint pâle.

— Ah! dit-elle, je vois bien que vous ne m'aimez plus!...

Paul la prit par la main et la conduisit vers le canapé :

— Voyons, dit-il, expliquons-nous.

Il la fit asseoir et se plaça près d'elle.

— Ma petite, continua-t-il, tu es une fort belle fille, et j'ai fait de toi ma maîtresse. C'est tout simple. Mais je ne me suis pas engagé à passer mes journées avec toi.

— Oh! je sais bien, dit Nana, que

vous êtes un homme du monde et que vos moments sont pris...

— Ce n'est pas cela, n'eussé-je rien à faire, ni relations, ni plaisirs...

— Vous ne viendriez pas davantage?

— Non.

— Pourquoi?

— C'est affaire de principe chez moi.

— Ah! Paul, vous ne m'aimez plus!...

Le comte haussa une seconde fois les épaules:

— Tu es niaise, dit-il.

— Paul!...

— Niaise comme pas une de tes pareilles. De quoi te plains-tu? poursuivit le comte; tu as une maison montée, cocher, cuisinière, femme de chambre et groom. Je te donne mille écus par mois...

— Oh! assez... monsieur... fit Nana, front de laquelle le rouge de la honte monta aussitôt.

— Je te laisse une liberté complète; en outre...

— Mais vous ne m'aimez pas !...

— Dame ! ma chère, tu me parais jouir cependant de tous les avantages d'une femme aimée.

L'accent du comte était railleur.

— Ah ! Paul... mon Paul bien-aimé... si vous saviez ce que j'ai souffert depuis huit jours !...

— Tu es insupportable ! répliqua brutalement M. de Morangis. Je suis venu chez toi pour me distraire, et tu me fais une scène sentimentale. Bonsoir !...

Il se leva et prit son chapeau.

— Paul, supplia la jeune femme, ne t'en vas pas!... Si tu savais comme je t'aime!...

— Hélas! fit le comte avec ennui, je le vois bien... et cela m'agace les nerfs. Adieu!

Nana voulut se jeter de nouveau à son cou, l'étreindre dans ses bras, le retenir; mais il la repoussa.

— Ma chère enfant, dit-il, une maîtresse est pour un homme bien élevé comme une manière de cheval de luxe : il faut l'avoir sous la main ; mais rien n'oblige à faire une promenade à cheval un jour de pluie...

Ces paroles tombèrent sur Nana comme une douche d'eau glacée.

Elle ne répondit pas un mot, elle ne fit pas un pas, elle n'eut ni un cri ni un geste.

Immobile au milieu du salon, elle vit le jeune homme s'éloigner en ricanant, et elle ne chercha point à le retenir.

Elle entendit le bruit de ses pas dans le corridor, puis celui de la porte qui se fermait, puis le roulement d'un coupé qui s'éloignait au grand trot... On eût dit que Nana avait été frappée par le feu du ciel.

Heureusement pour elle, Marion revint : la soubrette n'eut qu'à envisager sa maîtresse pour tout deviner.

— Madame, dit-elle en venant à elle, M. le comte est un monstre. Si vous continuez à l'aimer, vous en mourrez...

Nana appuya la main sur son cœur et ne répondit pas.

Marion la vit pâlir de plus en plus.

— Mon Dieu! dit-elle, madame va se trouver mal!...

Nana qui chancelait déjà se redressa à ses paroles.

— Rassure-toi, dit-elle.

Puis essayant de sourire:

— J'ai souffert; je ne souffre plus...

Un éclair passa dans son regard.

— Je ne l'aime plus.., dit-elle.

— Ah! fit Marion.

— Je le... hais!...

Marion haussa les épaules.

— Je le hais! et je veux me venger ajouta la pécheresse.

Et comme, stupéfaite, la femme de chambre faisait un pas en arrière, Nana courut à la porte du boudoir et l'ouvrit.

— M. Luxor, dit-elle.

Le boursier accourut.

Il était fort rouge et paraissait en proie à une surexcitation nerveuse.

Nana crut voir rouler une larme dans ses yeux.

— Pardonnez-moi, dit-il, mais j'ai entendu.

— Quoi! fit Nana qui tressaillit.

— Tout ce qu'il vous a dit.

— Ah!

— Et je trouve que c'est un homme sans cœur.

— Vraiment! fit-elle avec un accent étrange...

— Oh! dit le boursier.

— Eh bien! si je vous tendais la main...

Et Nana allongea sa main blanche et mignonne vers M. Luxor. Celui-ci prit cette main et la porta à ses lèvres avec enthousiasme.

— Si je vous disais, continua la jeune femme, je veux me venger?

— Voulez-vous que je le tue? s'écria

le boursier qui devint soudain belliqueux.

— Non, dit Nana; mais j'ai besoin de votre or...

M. Luxor jeta un cri de joie.

— Je me ruinerai s'il le faut, dit-il.

Nana parut réfléchir un moment.

— Partez, dit-elle, et revenez aujourd'hui.

— A quelle heure?

— Ce soir après votre dîner: nous causerons.

M. Luxor voulut répliquer.

— Allez! dit Nana, d'un geste de reine. A ce soir !...

En quelques minutes, Nana avait conquis sur le boursier un véritable empire.

Cet homme dépourvu d'éducation, qui était entré chez la pécheresse son chapeau sur la tête et de grossières paroles à la bouche, s'en alla humblement et contrit, saluant avec la politesse d'un subalterne.

Ce ne fut que dans la rue seulement que le boursier releva la tête. Il se prit à respirer à pleins poumons.

Son domestique avait mis pied à terre et se tenait à la tête du cheval.

C'était un homme d'environ quarante-cinq ans, au regard louche, au front déprimé, aux lèvres minces, — un vrai laquais.

On le nommait Jean-François.

Comme M. Luxor montait dans son poney-chaise et prenait les rênes, Jean-

François, au lieu de grimper sur le siége de derrière, s'approcha, ôta respectueusement son chapeau et dit à son maître :

— Monsieur veut-il me permettre de monter près de lui?

— Pourquoi cela?

Et le boursier, outré de sa familiarité, toisa son laquais.

— Je pourrais dire à monsieur des choses importantes...

L'air mystérieux du domestique intrigua M. Luxor.

— Monte, dit-il.

Jean-François s'assit sans façon à côté de son maître.

— Monsieur fera bien, dit-il, de ne pas aller trop vite.

— Pourquoi donc!

— Parce que j'en ai long à dire.

— En vérité?

— Et monsieur verra que je suis un bon serviteur.

— Ah! ça, fit M. Luxor, qui ne pensait plus qu'à la belle Nana, de quoi s'agit-il donc?

Jean-François répondit :

— Minute! je vais m'expliquer...

— Voyons!

— Je dirai donc à monsieur qu'avant d'entrer en condition à Paris, j'habitais la province.

— Bon! après? dit le boursier, qui rendit la main à son trotteur.

— J'étais jardinier chez M. le baron de Nesles.

— Connais pas.

— Oh! ça ne fait rien, monsieur verra.

— Et dans quel pays ?

— En Morvan.

— Très-bien.

— Monsieur le baron avait une femme de chambre qui était bien jolie.

— Ah!

— Et une femme plus jolie encore.

Madame la baronne était belle... et vertueuse...

— Qu'est-ce que tout cela me fait? murmura M. Luxor impatienté.

— Monsieur n'a pas de patience...

— Parle donc !

— Un jour, un joli jeune homme de Paris survint au château. Il plut à madame la baronne...

— Ah ! ah!

— Et à la femme de chambre.

— Bravo !

— Madame la baronne s'en est défendue longtemps, mais elle l'aime... et elle en est folle...

— Qu'en sais-tu?

— C'est le cocher de ce jeune homme qui me l'a dit. Il paraît même que ce soir il a un rendez-vous...

— Avec la baronne?

— Oui.

— Et la femme de chambre?

— Le jeune homme l'enleva et en fit sa maîtresse.

—Mais... la baronne ?

—La baronne n'en a jamais rien su...

— C'est drôle.

— C'est comme ça.

— Et comment l'appelles-tu, ce jeune homme.

— Le comte de Morangis.

—Hein ? fit M. Luxor, qui fit un mouvement si brusque qu'il faillit accrocher un fiacre qui passait auprès de lui...

— Le comte de Morangis, répéta Jean-François.

— Celui qui est entré dans la maison d'où je sors ?

— Précisément.

— L'amant de... Nana?

—Ah! dit Jean-François, j'oubliais de vous dire que Nana, cette belle dame qui porte des cachemires...

— Eh bien?

— C'était la femme de chambre de la baronne.

— Morbleu! grommela le boursier.

femme de chambre ou duchesse, elle est charmante...

— Monsieur l'aime ?

— J'en suis fou.

Jean-François regarda de nouveau son maître du coin de l'œil.

— Monsieur perdra son temps, dit-il.

— Tu crois? ricana le boursier.

— J'en suis sûr.

— Et pourquoi donc?

— Parce que Nana adore le comte.

— Eh bien! tu te trompes... Nana n'aime plus M. de Morangis.

— Bah!

— Elle le hait!

— Histoire d'une heure... c'est du dépit!.. Quand M. le comte reviendra... elle lui sautera au cou.

M. Luxor fronça le sourcil. Le raisonnement de Jean-François était assez juste.

L'ancien jardinier ajouta :

— Et Nana mettra monsieur à la porte.

— Oh! par exemple!...

— Ah! reprit le jardinier, si monsieur voulait!

— Si je voulais?

— Nana et M. de Morangis ne se reverraient jamais.

— Comment?

— Si monsieur me donnait carte blanche et qu'il eût confiance en moi..

— Eh bien?

— Je brouillerais si bien Nana avec M. le comte...

— Que j'en pourrais profiter, moi?

— Certainement.

— Et... comment ferais-tu ?

— C'est mon secret, jusqu'à demain au moins... par exemple...

Jean-François s'arrêta.

— Voyons? achève...

— Monsieur fera bien quelque chose pour moi ?...

— Oh! sans doute... Est-ce de l'argent que tu veux?

— Dame! un pauvre billet de mille francs...

— Et puis?

— Et puis, je voudrais que monsieur me donnât une lettre pour porter chez mademoiselle Nana.

— Quand?

— Aujourd'hui.

— C'est bon. Et tu les brouilleras?...

— A mort.

— Ainsi, tu ne veux pas me dire?

— Demain, monsieur saura tout.

L'accent de Jean-François était décidé.

M. Luxor comprit que c'était à prendre ou à laisser, et il dit :

— C'est bon, tu auras ton billet de mille francs.

Comme il achevait ces mots, M. Luxor tourna le coin de la rue de l'Arcade, à l'angle de laquelle il demeurait, en attendant que son hôtel des Champs-Elysées fût terminé, — et le poney-chaise s'engouffra sous la porte cochère d'une fort belle maison.

— Ah! pensa Jean-François, en prenant les rênes que son maître lui passa en sautant lestement à terre, ah! ma petite Nana, je crois que je vais enfin me venger de tes dédains...

Un sourire féroce glissa sur les lèvres de Jean-François, l'ancien jardinier, qui molesta si fortement un soir la pauvre

Nana, que Mathurin le bouvier lui appliqua un coup de poing à étourdir un bœuf.

CHAPITRE SEPTIÈME.

VII

En quittant Nana, M. le comte de Morangis s'en était allé fort tranquillement déjeuner au café Anglais où il avait rencontré M. de Mas, M. Eugène Renaud, le baron Rastemberg, le vicomte de Chardonneret, le vidame de Carpentras et M. Gustave Chaumont.

On sait l'explication qui avait eu lieu entre M. de Mas et lui, et nous avons laissé ces messieurs au moment où le petit baron Rastemberg rapportait les épées de chez Devismes, tandis que le docteur Samuel se présentait et s'annonçait comme chirurgien. M. de Mas se tourna en souriant vers ce dernier :

— Monsieur le docteur, lui dit-il, je

n'ai pas l'honneur de vous connaître, mais votre proposition est trop galante pour que je puisse refuser.

Le docteur rouge s'inclina, déboutonna son paletot, en tira sa trousse et l'étala tranquillement sur une table.

En même temps, M. Chaumont disait:

— Mon cher comte, je suis ton ami, c'est incontestable.

— Je l'espère bien.

— Mais...

M. Chaumont fronçait le sourcil et paraissait en proie à une certaine hésitation.

— Est-ce que tu ne voudrais pas me servir de témoin?

— Ce n'est pas cela!

— Qu'est-ce donc, alors?

— Je suis ton ami, mais je suis également l'ami de M. de Mas.

— Et moi aussi, dit le baron Rastemberg.

— Et moi, ajouta M. Eugène Renaud.

— Et moi, fit à son tour le descendant de Jacques Le Verdâtre.

Ce dernier n'était pas plus l'ami de M. de Mas que du comte de Morangis, mais il se souciait peu de figurer dans un duel, même à titre de témoin.

— Eh bien! messieurs, répondit M. de Mas, je vais vous mettre tous d'accord.

— Comment?

— Soyez nos témoins communs, à M. de Morangis et à moi.

— Oh! ceci est impraticable! fit observer M. Chaumont.

— Pardon, je m'explique.

— Voyons?

— Tirez au sort lesquels de vous quatre seront mes témoins.

— C'est cela! dit le comte.

— Soit, dit M. Chaumont.

M. de Mas sonna et demanda une plume et du papier. Puis il écrivit les quatre noms de ces messieurs et les jeta dans un chapeau qu'il présenta à M. de Morangis.

— Prenez! lui dit-il.

Le comte prit deux billets et les déroula. L'un portait le nom du baron Rastemberg; l'autre, celui de M. Chaumont.

— Voilà, dit ce dernier, la difficulté tranchée.

— Maintenant, messieurs, dit M. de Mas, vous pouvez entrer en fonctions.

Il s'écarta jusqu'à la croisée, qu'il ouvrit, et se mit à fumer son cigare. En même temps, M. de Morangis s'approchait du docteur.

Celui-ci lui dit tout bas :

— J'ai flairé la querelle. J'ai vu entrer M. de Mas. Il était fort pâle et a demandé si vous étiez ici.

— Ah! fit le comte.

— M. de Mas tire bien...

— Moi aussi.

— Soyez calme...

— Je le serai. Chut!

Le docteur et M. de Morangis ne purent en dirent plus long. Les témoins, après s'être concertés, venaient de mesurer les épées.

— Venez, messieurs, dit M. Chaumont.

M. de Mas et le comte s'approchèrent.

M. Chaumont alla fermer la porte du petit salon au verrou, tandis que le baron et M. Eugène Renaud écartaient les tables.

— Messieurs, dit ce dernier, vous engagerez le fer à trois pouces, et vous vous battrez au premier sang.

— Non, dit M. de Mas, je n'accepte point cette dernière condition.

— Ni moi, fit le comte.

— Ah! pardon, messieurs, ajouta M. Gustave Chaumont avec beaucoup de calme; vous pouvez, si bon vous semble, vous battre à mort, mais alors tâchez de ne point vous blesser maladroitement, car, à la première effusion de sang, nous nous retirerons, vous laissant libres de recommencer demain avec d'autres témoins.

— Soit, dit M. de Mas.

— A merveille! ajouta comme un écho le comte de Morangis.

— Alors, habits bas!

M. de Mas et le comte se dépouillèrent de leur redingote et de leur gilet, dénouèrent leur cravate, et chacun d'eux prit l'épée qu'on lui tendait.

— Allez, messieurs! dit encore M. Chaumont.

Les deux adversaires tombèrent en garde et croisèrent le fer.

Le docteur rouge avait eu raison en prétendant que M. de Mas tirait fort bien; mais M. de Morangis avait eu raison également lorsqu'il avait prétendu qu'il tirait pareillement.

Tous deux étaient d'une assez belle force en escrime, et ils se battirent près de quatre minutes sans pouvoir se toucher.

Cependant, à la fin, M. de Morangis s'étant découvert légèrement, M. de Mas allongea le bras et atteignit son adversaire à l'épaule.

L'épée de M. de Mas toucha un nerf, et la douleur fut si violente que M. de Morangis jeta un cri, tandis que son arme lui échappait des mains.

Aussitôt les témoins s'interposèrent.

— Oh! ce n'est rien... une égratignure..., dit le comte furieux en voulant resaisir son épée.

— Pardon! dit M. Chaumont, vous êtes couvert de sang.

— Je te dis que ce n'est rien! répéta le comte avec colère. Laisse-nous donc continuer.

— Non!

— Eh bien! monsieur, fit M. de Morangis, s'adressant à M. de Mas, nous recommencerons demain.

— Certainement, monsieur.

Le docteur s'était approché ; et sans la moindre émotion, il examinait la blessure du comte.

— Demain, dit-il, la chose est impossible.

— Pourquoi donc, docteur ?

— Parce que, dans dix minutes, vous ne pourrez plus remuer le bras. Vous en avez pour un mois.

Et le docteur, cette sentence prononcée, se mit en devoir de poser le premier appareil sur la blessure.

Le comte se tourna vers son adversaire :

— Rassurez-vous, monsieur, dit-il.

— Je vous attendrai, fit M. de Mas en s'inclinant.

— C'est inutile. Nous nous battrons demain au pistolet.

— Votre bras sera en écharpe ! observa le docteur.

— Je suis gaucher, répliqua le comte en souriant.

— Ah !

— Et je tire toujours le pistolet de la main gauche.

— Monsieur le comte, dit le docteur, qui, après avoir fendu la manche du jeune homme, lui rajustait sa redingote sur les épaules, vous avez votre voiture en bas ?

— Oui, docteur.

—Eh bien ! rentrez chez vous, je vais vous accompagner... Il faut vous mettre au lit.

Et, tout bas, le docteur ajouta :

— Ne souffrez point qu'aucun de ces messieurs vous accompagne...

— Pourquoi donc?

— Parce que j'ai besoin d'être seul avec vous.

— Messieurs, dit Paul de Morangis, le docteur m'emmène chez lui. Il ne faut pas alarmer ma bonne mère.

— Nous allons t'accompagner, dit M. Chaumont.

— Non, je vous en prie, restez...

L'accent du jeune comte ne permettait point qu'on insistât.

Paul de Morangis sortit, appuyé sur l'épaule du docteur.

Heureusement, à cette heure, le Café Anglais était à peu près désert, et le blessé put sortir et se jeter dans son coupé sans attirer l'attention.

Le docteur monta près de lui.

—Vous savez, mon cher enfant, dit-il, que je vous emmène chez moi...

— Bah! quelle plaisanterie!...

— Vous l'avez dit, il ne faut pas alarmer votre mère.

— Allons donc! fit le comte, je puis rentrer à l'hôtel, ma mère n'en saura rien.

— J'en suis persuadé.

— Alors...

— Mais j'ai besoin de causer avec vous, et c'est pour cela...

— Ah ça, fit le comte qui reprit son air hautain, permettez-moi maintenant de vous demander...

— Quoi donc?

— Comment il se fait que vous vous soyez trouvé là.

— Je vous suivais...

— Et.. de quel droit?

— Bah! vous êtes mon fils...

— Monsieur!

— Et je m'intéresse à vos affaires.

— Mille remerciements, dit le comte d'un ton railleur.

— Ainsi, tenez, j'ai menti tout à l'heure, il y a dix minutes.

— Comment donc?

— En prétendant que vous auriez le bras en écharpe pendant un mois.

— Ce n'est donc pas vrai?

— Non. Demain votre blessure sera fermée aux trois quarts.

— Dans quel but, alors...

Le docteur laissa glisser sur ses lèvres son méphistophélique sourire.

— Vous manquez de mémoire, mon cher enfant, dit il.

— En quoi?

— Est-ce que vous oubliez la baronne...

— Pauline!

— Et son rendez-vous de ce soir...

— Ah! c'est juste...

— Et je veux, moi, que vous alliez à ce rendez-vous.

— Vraiment?

— J'y tiens beaucoup.

Le comte regarda très-froidement le docteur :

— Pardon, dit-il, mais en quoi cela peut-il vous intéresser...

Le docteur sourit.

— On vous dira cela plus tard.

Et, baissant la glace du coupé, le docteur cria au cocher :

— Hôtel du Luxembourg, rue Saint-Honoré.

Dix minutes après, le docteur rouge introduisait M. de Morangis dans un petit appartement meublé qu'il occupait au premier étage de l'hôtel, puis il disait :

— Mon cher enfant, madame votre mère est habituée à vous voir dîner en ville, n'est-ce pas !

— Oh ! certainement.

— Elle ne s'inquiètera donc pas de vous ?

— Pas que je sache !

— Très bien, je vous garde à dîner. Voici des cigares, voilà des journaux : fumez et lisez en m'attendant.

— Vous sortez ?

— Oui.

— Pour longtemps?

— Une heure ou deux.

Et le docteur sortit en effet.

— Singulier homme, murmura M. de Morangis.

Il s'allongea sur un canapé, alluma un cigare, prit un journal et se mit fort tranquillement à lire.

Une heure, puis deux, puis trois s'écoulèrent, le docteur ne revint pas.

M. de Morangis commençait à s'impatienter :

— Morbleu ! dit-il, j'ai faim .. le docteur dînera sans moi.

Il se leva et il s'apprêtait à sortir lorsqu'on frappa discrètement à la porte.

— Entrez ! dit le comte.

Ce fut un simple commissionnaire de coin de rue qui se rencontra sur le seuil. Le laquais public tendit une lettre à M. de Morangis.

Celui-ci en brisa le cachet et lut :

« Le docteur rouge fait à M. le comte

» de Morangis mille excuses de ne pou-
» voir dîner avec lui. Il est retenu au-
» près d'un malade expirant. M. le comte
» de Morangis fera bien d'aller dîner et
» de ne pas oublier qu'il est attendu
» vers huit heures dans l'avenue Lord
» Byron.

» Mille compliments.

» Samuel. »

— De plus en plus étrange! murmura le jeune comte.

Et il reboutonna son paletot, se contenta de poser son bras blessé en écharpe dans un foulard bleu, prit son chapeau et s'en alla dîner chez Durand, dans la rue Royale.

— Cette chère Pauline, pensa-t il, en mangeant un perdreau truffé, elle doit avoir de terribles battements de cœur.

M. de Morangis dîna de fort bon appétit, et attendit patiemment en prenant du café et fumant un cigare que l'heure du berger sonnât pour lui.

A sept heures et demie, le comte sortit et prit le faubourg Saint-Honoré, qu'il remonta à pied, à petits pas, comme un homme qu'il n'est nullement pressé.

Il gagna ainsi l'avenue Lord-Byron.

Cette rue est ordinairement déserte et les quelques hôtels qui la bordent ressemblent à autant de tombeaux. M. de Morangis la parcourut et ne vit pas l'ombre du fiacre annoncé dans la lettre de Pauline de Nesles.

Il consulta sa montre et constata qu'il

n'était encore que neuf heures moins cinq minutes.

— Pauline doit être exacte, pensa-t-il. Une femme qui aime...

Le bruit lointain d'une voiture se fit entendre.

M. de Morangis se retourna. Un fiacre attelé d'un cheval plus vigoureux et de meilleure mine que ceux qui, d'ordinaire, traînent de semblables véhicules, s'avançait au petit trot, et passa bientôt auprès du comte. Ce dernier jeta un coup d'œil à l'intérieur.

Le fiacre était vide.

— Cocher? cria le jeune homme.

— Monsieur...

— Êtes-vous pris?

— C'est selon... dit le cocher, où monsieur voudrait-il aller?

— *Où vous voudrez*, répondit Paul de Morangis.

Le cocher s'arrêta, descendit de son

siége et ouvrit respectueusement la portière.

— Monsieur le comte peut monter, dit-il.

CHAPITRE HUITIÈME.

VIII.

Quatre heures venaient de sonner à la pendule allemande placée dans la cage de l'escalier de l'hôtel de Nesles. Madame la baronne Pauline était seule dans un joli boudoir tendu de soie orange, dont les croisées donnaient sur le jardin.

Assise auprès de la fenêtre entr'ouverte, la jeune femme regardait avec mélancolie les grands arbres touffus qu'elle avait devant les yeux, et elle feuilletait distraitement un livre qu'elle ne lisait pas.

Parfois elle se retournait vers la cheminée et regardait l'heure à la pendule.

— Oh! que le temps passe lentement! murmura-t-elle tout à coup... mon Dieu !...

On frappa discrètement à la porte. Pauline tressaillit :

— Qui est là? dit-elle.

— Moi, répondit une voix.

— Entrez!

La baronne venait d'éprouver un violent battement de cœur, en reconnaissant la voix de son mari.

La porte s'ouvrit... M. de Nesles entra. Le baron était en costume de voyage et tout couvert de poussière.

— Vous! fit Pauline stupéfaite.

M. de Nesles s'approcha de sa femme, lui mit un affectueux baiser au front et lui dit :

— Vous êtes bien étonnée de me voir, n'est-ce pas?

— Oh! certes, fit la baronne, dont l'émotion pouvait passer pour de la surprise.

— En effet, continua M. de Nesles,

j'arrive à Paris juste deux jours après celui au soir duquel vous m'avez quitté.

— Voyons, mon cher Raoul, dit la baronne, qui retrouva son meilleur sourire et le sang-froid merveilleux des femmes, aux heures critiques, expliquez-vous ? Comment et pourquoi arrivez-vous ?

Le baron croisa ses bras et se prit à sourire.

— Mystère ! dit-il, imitant la voix et le geste d'un acteur de mélodrame.

— Je n'aime pas les mystères.

— Vous voulez savoir ?...

— Oui.

— Eh bien ! écoutez...

Le baron s'assit auprès de sa femme, prit une de ses mains dans la sienne et lui dit, souriant toujours :

— Vous savez, ma chère amie, que nous sommes dans le siècle des chemins de fer et des découvertes. Tout va vite !... même et surtout les morts, ainsi que le dit la ballade de l'Allemand Bürger.

— Les morts?

— Hélas! oui. Nous sommes en deuil, chère amie... Oh? rassurez-vous, en deuil d'un parent inconnu, d'un chevalier de Nesles né en Allemagne pendant l'émigration française... et qui a vécu quarante ans à Paris sans que ni moi ni mon cousin le marquis en ayons jamais rien su.

— Eh bien! fit la baronne de plus en

plus étonnée, qu'a de commun ce parent avec votre voyage?

—Tenez, ma chère amie, lisez plutôt, dit le baron.

Il prit une lettre dans sa poche et la tendit à la baronne.

— Figurez-vous, ajouta-t-il, que deux heures après votre départ du Morvan, et tandis que je me résignais à vivre seul pendant huit jours que durerait votre absence, j'ai reçu ce billet, vous reconnaissez l'écriture?

— Parfaitement.

—Elle est de mon notaire. Il paraît, me dit celui-ci, que le chevalier de Nesles vivait sous un autre nom, sous lequel on l'eût enterré si l'on n'avait ses papiers. Il est mort dans un taudis, sans faire aucun testament, et il laisse une fortune considérable dont, le marquis et moi, nous héritons par moitié.

— Ah! fit la baronne avec indifférence.

— Comment! cela vous afflige?

— Non, mais nous sommes déjà bien assez riches...

— Nous ferons un peu plus de bien, répondit le baron.

—Alors, soit, héritons... Et c'est pour cela que vous êtes venu?

— Dame!

— Et vous... arrivez?...

— A l'instant, avec ma valise, dans un modeste fiacre que j'ai été bien heureux de trouver à la gare du chemin de fer.

Tandis que son mari causait ainsi, Pauline de Nesles avait plus d'une fois regardé la pendule, et son inquiétude augmentait.

Cependant elle paya d'audace.

— Au diable les héritages! dit-elle.

— Et pourquoi cela?

— Parce que vous voilà, cher ami..,

Elle se reprit à sourire comme autrefois.

— Oui, continua-t-elle, vous arrivez tout juste pour troubler les beaux projets d'indépendance que votre femme avait formés... pour huit jours.

— Ah! bah!...

— Je devais dîner ce soir...

— Chut! dit le baron en riant, je ne veux pas savoir chez qui.

— Pourquoi donc?

— Parce que je ne dînerai pas avec vous, moi.

— Ah!

— J'irai chez le marquis.

— Votre cousin?

— Sans doute : il faut bien que je cause un peu avec lui...

Pauline respira.

— Rentrerez-vous tard ?

— A minuit.

— Et... vous?

— Fi ! dit la baronne, j'ai des habitudes plus rangées, moi.

Elle menaça son mari du doigt et ajouta :

— Vous feriez bien, ce me semble, d'aller changer de costume.

— J'y vais.

— Au revoir donc, et à ce soir...

— Adieu, Pauline.

M. de Nesles jeta un tendre regard à sa femme, sortit et monta dans sa chambre.

Tandis qu'il faisait sa toilette, le baron entendit rouler une voiture dans la cour.

C'était un fiacre qu'on était allé chercher pour madame de Nesles.

Pendant l'été et l'automne, le baron

avait ses chevaux et ses gens à la campagne.

— Où diable va-t-elle donc dîner? se demanda-t-il.

Madame de Nesles descendit presque aussitôt, et le baron la vit monter en voiture.

Elle était fort simplement mise, et sa robe noire était enveloppée dans un grand châle.

— Oh! oh! dit M. de Nesles en passant un de ses rasoirs sur le cuir à repasser, elle est vêtue comme pour voyager... Où donc va-t-elle?

Le baron ne fronçait cependant point le sourcil en parlant ainsi.

Il eut même un sourire en la voyant disparaître dans les profondeurs du fiacre.

— Chère Pauline... murmura-t-il.

La baron aimait toujours sa femme comme aux premiers jours de leur union.

Il s'habilla et sortit.

Le marquis de Nesles, cousin germain du baron, demeurait de l'autre côté de l'eau, dans un charmant petit hôtel qu'il avait fait construire dans le haut de la rue Blanche.

Le baron traversa les ponts a pied, prit le Carrousel, descendit la rue Richelieu, et comme il n'était guère que cinq heures lorsqu'il arriva sur le boulevard, il entra un moment à son cercle, qui était situé auprès du passage Jouffroy.

C'était l'heure de l'absinthe, comme on dit.

Le baron, qui était entré sans trop remarquer un homme qui, depuis le Carrousel, le suivait à distance, le baron s'approcha d'une table de whist occupée par le général X... et trois jeunes gens.

L'un de ces derniers était M. Eugène Renaud, le convive du matin de M. le vicomte Oscar de Chardonneret, le descendant des vidames.

Tandis que le général donnait, M. Eugène Renaud disait :

— Figurez-vous, général, que cette *loi sur les titres* qui vient de paraître met tout le monde en rumeur. Ceux qui sont nobles ont peur de ne plus l'être, ceux qui ne le sont pas veulent l'être à tout prix. La chancellerie aurait fort à faire si quelques hommes de bien ne lui venaient en aide.

—De quels *hommes de bien* parlez-vous, mon cher ?

— Des généalogistes modernes.

M. Eugène Renaud avait un sourire railleur sur les lèvres.

— Tenez, dit-il, nous avons un ami qui pour dix mille francs a trouvé le moyen de remonter aux croisades.

— C'est pour rien, dit le général.

— Le baron de Nesles s'approcha.

— Messieurs, dit-il, je sais une histoire assez amusante. Si vous le permettez, je vais vous la dire.

— Parlez, baron.

— Un monsieur entre un jour chez un coiffeur et lui dit : « je perds mes cheveux ; que faut-il faire ? — Prenez ma *pommade*, dit le coiffeur : avant huit jours vous aurez une forêt de cheveux sur la tête. C'est vingt francs le pot. » Le monsieur paye, et quand il sort, le coiffeur ôte son bonnet et salue. Le coiffeur est chauve. « Tiens ! se dit le monsieur, si sa pommade fait repousser les cheveux, pourquoi donc est-il chauve ?

— Joli ! dit le général. Mais, pardon,

mon cher de Nesles, qu'est-ce que cela peut avoir de commun avec notre conversation ?

— Attendez donc, général. Il y a de par le monde un monsieur qui se nomme Harel tout court, Harel quand même. Ce monsieur, qui touche maintenant à la cinquantaine, est chauve, a un nez pointu et ressemble à une manière d'oiseau de proie; il s'éveilla un matin riche de science, léger d'écus et affamé; il spécula sur la vanité et créa l'*Almanach des gentilshommes.* Mais, dit le baron en souriant, M. Harel ne pouvait pas rester Harel et décider de la noblesse des autres s'il demeurait roturier. Plus spirituel que le coiffeur, il se fit Harel de quelque chose, de Haut-Combe ou de Bas-Rivage, je ne sais au juste. Depuis lors, ce monsieur tranche du d'Hozier. On est noble quand on figure dans son almanach, on ne l'est pas si on a oublié de remplir certaines formalités. Il a même sous la main un journal qui lance à propos le *ballon d'essai* et vous force à faire vos preuves.

— Je connais le personnage, dit le général.

— Eh bien ! mon cher monsieur Renaud, reprit le baron de Nesles, si vous êtes tenté par les armoiries, allez le voir. Vous pourriez bien descendre d'un duc quelconque, pair et compagnon de Charlemagne.

M. Eugène Renaud n'eut pas le temps

de répondre, car un nouveau personnage s'approcha.

C'était le baron Rastemberg.

— Dis donc, Eugène, dit-il, as-tu revu Morangis ?

— Non.

— Tu ne sais pas comment il va ?

— Nullement.

— Morangis ! dit M. de Nesles ; est-il malade ?

— Il est blessé à l'épaule.

— Il s'est donc battu ?

— Oui.

— Avec qui?

— Avec M. de Mas.

— Quand?

— Ce matin, au café Anglais. Nous étions ses témoins.

— A propos de quoi?

— Nous n'en savons absolument rien. Seulement, il doit y avoir une femme sous jeu...

— C'est probable.

— D'autant plus que Morangis avait

un rendez-vous mystérieux pour ce soir.

— Ah! fit M. de Nesles avec indifférence.

— Avenue Lord Byron, dans un fiacre.

— Oh! fi! messieurs... Morangis n'est poit un courtaud de boutique. Il sait avoir sa petite maison.

— Pardon, le fiacre doit le conduire quelque part...

— Ah! c'est différent...

Le baron s'arrêta et regarda avec quelque étonnement un commissionnaire du coin de rue, qui s'avançait vers lui une lettre à la main :

— Un monsieur que je ne connais pas, dit-il, m'a remis cela pour monsieur le baron.

M. de Nesles prit la lettre, l'ouvrit et lut :

« Madame la baronne Pauline de Nes-
» les a rendez-vous ce soir avec le comte
» Paul de Morangis, M. le baron peut

» s'en convaincre en allant ce soir, en-
» tre neuf et dix, à Saint-James (bois de
» Boulogne), et en pénétrant dans le
» châlet qui porte le numéro 19. »

La lettre n'était pas signée.

Le baron se leva tout pâle.

— Mon Dieu ! qu'avez-vous ? dit le général.

— Rien, répondit le baron qui essaya de se raidir contre le coup de foudre qui le frappait. On m'apprend qu'un de mes amis est malade. Pardonnez-moi, messieurs, au revoir !...

Le baron prit son chapeau et se dirigea vers la porte du pas chancelant d'un homme pris de vin.

Plusieurs fois, dans l'escalier, il fut obligé de s'arrêtrer et de s'appuyer à la rampe.

— Est-ce que je vais mourir, se demanda-t-il.

. . . .

Tandis que le baron de Nesles recevait à son cercle le billet mystérieux qui l'avertissait de l'infidélité de sa femme, et des rendez-vous qu'elle avait avec le jeune comte de Morangis, M. Luxor voyait entrer chez lui Jean-François, son cocher.

M. Luxor en quittant Nana était rentré chez lui, puis il était allé à la Bourse.

Il y a temps pour tout, comme on dit, et M. Luxor n'avait point gagné son fameux coupon de cent vingt mille livres de rente sans travailler.

La *Coulisse* savait ses labeurs et ses triomphes, ses fatigues et ses exploits. En sortant de la Bourse, il était revenu chez lui et s'était installé dans son cabinet où il avait donné audience à plusieurs personnes qui dépendaient de ses deux millions. Quand la dernière fut partie, Jean-François arriva.

— Ah! te voilà? dit le boursier.

— Oui, monsieur.

— Tu viens me demander ta lettre pour Nana?

— Justement.

— Eh bien! que faut-il que je dise!

— Oh! dit négligemment le valet, ce que monsieur voudra.

— Comment cela?

— Monsieur doit y aller?

— Ce soir à huit heures.

— Eh bien! que monsieur écrive qu'une importante affaire le retiendra jusqu'à huit heures et demie. C'est suffisant.

— Alors, pourquoi cette lettre?

— Parce que j'ai besoin de voir mademoiselle Nana.

— Ah!

— Et je lui dirai que M. de Morangis aime la baronne de Nesles.

— Ah! bravo!

Mais soudain, M. Luxor fronça le sourcil.

— Ecoute donc, dit-il, j'ai fait ma

fortune à la Bourse, c'est vrai; mais j'ai tout de même du cœur, et...

Le boursier hésita, Jean-François le regarda avec étonnement.

— Les femmes sont vindicatives, poursuivit M. Luxor. Si Nana allait tout dire à M. de Nesles, cette pauvre baronne... tu comprends... Moi je ne veux pas faire le malheur d'une femme.

Jean-François avait prévu l'objection :

— Monsieur peut être tranquille, dit-il.

— Tu crois?

— Nana ne reverra jamais M. de Morangis, mais le baron ne saura rien.

— Alors, dit M. Luxor, ça m'est égal.

Il se mit à son bureau et écrivit la lettre suivante :

« Chère madame,

» C'est jour de liquidation, aujour-
» d'hui. L'amour et les affaires doivent
» marcher de front. Vous êtes trop bonne

» pour ne pas m'attendre jusquà neuf
» heures.

» Votre respectueux,

» Luxor. »

Le boursier plia sa lettre et la tendit à Jean-François.

Celui-ci la prit et la mit dans sa poche.

Mais il ne bougea pas.

— Eh bien! donc, dit M. Luxor.

Jean-François sourit,

— Un moment, dit-il.

— Qu'est ce encore !

— Monsieur m'a promis un billet de mille francs?

— C'est vrai... mais...

— Monsieur, dit le laquais avec effronterie, pour une mauvaise action, c'est comme pour un plaisir de contrebande... Voussavez... on paie d'avance.,. sinon...

M. Luxor comprit que son valet ne ferait rien s'il n'était nanti de ses mille francs. Il ouvrit un tiroir et lui jeta un billet au nez :

— Voilà, dit-il.

Jean-François salua jusqu'à terre et sortit.

Arrivé dans la rue le laquais se dit :

— Voici une maison où je ne rentrerai pas. Cet imbécile de M. Luxor a des scrupules, et lorsqu'il saura tout il me chassera. J'ai mon billet de mille il faut filer.

Mais au lieu d'aller chez Nana, le laquais monta dans un fiacre et dit au cocher :

— Mène-moi rue de Grenelle.

Puis il ajouta mentalement :

— Si madame de Nesles est à Paris, monsieur y est pour sûr. C'est à lui que j'ai affaire.

Le fiacre se mit en route et passa les ponts, mais, comme il allait entrer dans la rue du Bac, il croisa une voiture de place, et, dans cette voiture, l'ancien jardinier reconnut M. de Nesles.

Aussitôt Jean-François tira le cordon du cocher, et comme celui-ci se penchait :

— Cent sous de pourboire, lui dit-il, si tu ne perds pas de vue cette voiture.

Le cocher fouetta ses rosses et rebroussa chemin.

Le cabriolet de remise longea la rue Richelieu, arriva sur le boulevart Montmartre et s'arrêta devant le cercle du baron.

— Bon! dit Jean-François, je sais où il va.

Il descendit, avisa un commissionnaire, lui montra le baron qui disparaissait sous la porte cochère et lui dit :

— Dans dix minutes tu monteras au cercle, et tu remettras cette lettre au monsieur qui vient d'entrer.

Jean-François donna quarante sous au commissionnaire qui le salua jusqu'à terre, remonta en voiture et se fit conduire chez Nana.

La lettre que le commissionnaire portait au baron, et qui avertissait ce dernier du rendez-vous qu'avait sa femme, avait été écrite par Jean-François lui-même.

L'ancien jardinier grimpa d'un pas leste l'escalier de la pécheresse et sonna.

— Madame y est-elle? demanda-t-il à Marion. Je viens de la part de M. Luxor.

— Vous avez une lettre ?

— Oui.

— Donnez, alors.

— Non dit Jean-François, j'ai ordre de la remettre en main propre.

Si Marion faisait des difficultés pour introduire les soupirants, elle ne voyait aucun inconvénient à laisser entrer un domestique.

Elle ouvrit donc la porte du boudoir qui donnait sur l'antichambre, et dit :

— Madame, voilà le laquais de M. Luxor,

Puis elle le poussa par les épaules et referma la porte.

FIN DU DEUXIÈME VOLUME.

Argenteuil — Impr. Worms et Cie.

Avis aux personnes qui veulent monter un Cabinet de Lecture.

BIBLIOTHÈQUE

DES

MEILLEURS ROMANS MODERNES

1,300 vol. environ, format in-8°. — Prix : 2,000 fr.

Cette collection contient les NOUVEAUTÉS de nos auteurs les plus en vogue publiées jusqu'à ce jour par la maison, lesquelles sont accompagnées d'affiches à gravure et autres.

Les Libraires qui feront cette acquisition recevront GRATIS *cent exemplaires du Catalogue* complet et détaillé *avec une couverture imprimée à leur nom* pour être distribués à leurs abonnés.

La Maison traite de gré à gré pour un nombre moins considérable de volumes à des conditions très-avantageuses. Grandes facilités de payement moyennant les renseignements d'usage. Le Catalogue se distribue gratis aux personnes qui en feront la demande par lettres affranchies.

Paris. — Imp. P.-A. BOURDIER et Cⁱᵉ, rue Mazarine, 30.

www.ingramcontent.com/pod-product-compliance
Lightning Source LLC
Chambersburg PA
CBHW060646170426
43199CB00012B/1690